Scalini · Marton

FLORENZ

Mario Scalini

FLORENZ

Kunst einer Stadt in Bildern

Aufnahmen
Paolo Marton

Hirmer

FLORENZ
0
250m
N
Castello
Pratolino
Fiesole
Piazza della Libertà
Fortezza da Basso
Via Bendetto Marcello
Belfiore
Viale Spartaco Lavagnini
Via S. C. d'Alessandria
Gallo
Cavour
A. Lamarmora
Via Leonardo da Vinci
Viale Giacomo Matteotti
Piazza della Indipendenza
Zanobi
Chiostro dello Scalzo
Giardino dei Semplici
Giardino della Gherardesca
Via G. Monaco
Viale Fratelli Rosselli
Poggio a Caiano/ Artimino
Via Jacopo da Diacceto
Via Valfonda
Via Nazionale
Via Guelfa
S. Apollonia/ Museo Andrea Castagno
S. Marco
Ricasoli
Accademia
SS. Annunziata
Via Giuseppe Giusti
Opificio delle Pietre dure
Ospedale degli Innocenti
Via della Colonna
Via degli Alfani
Via dell'Ariento
Palazzo Medici-Riccardi
Piazza della Stazione
S. Maria Novella
Piazza dell´ Unità Italiana
Faenza
S. Lorenzo
Bibl. Laurenziana
Via d. Pucci
Via de Servi
Via Bufalini
Via del Giglio
Via della Scala
Ponte alle Mosse
Via il Prato
Borgo Ognissanti
Piazza S. Maria Novella
Via d. Cerretani
Baptisterium S. Giovanni
Dom
Dommuseum
S. Maria Maggiore
Piazza S. Giovanni
Piazza del Duomo
Via Montebello
Amerigo
Ognissanti
Palazzuolo
Ponte A. Vespucci
Lungarno Vespucci
Via d. Fossi
S. Pancrazio/ Museo M. Marini
Tornabuoni
Vecchietti
Calzaiuoli
Pal. Nonfinito
Via dell' Oriuolo
Via S. Egidio
Borgo Pinti
Via di Mezzo
Via Pietrapiana
Via d. Strozzi
Piazza della Repubblica
Via del Corso
Borgo degli Albizi
Palazzo Rucellai
Palazzo Strozzi
Or San Michele
Via d. Pandolfini
Lungarno Corsini
Via dei Cerchi
Badia
Bargello
Via Ghibellina
Casa Buonarroti
Via Pisana
Borgo Soderini
Ponte a. Carraia
Piazza S. Trinita
S.Trinità
Via Porta Rossa
Via G. Verdi
Borgo Allegri
Via d. Macci
Borgo S. Frediano
Via dell' Orto
SS. Apostoli
Via Terme
Piazza d. Signoria
Loggia dei Lanzi
Palazzo Vecchio
Piazza S. Croce
Via di S. Spirito
Ponte s. Trinita
Lung. d. Acciaiuoli
S.Stefano al Ponte
Uffizien
Via dei Neri
Benci
Via S. Giuseppe
S. M. del Carmine
Serragli
Ponte Vecchio
S. Croce
Piazza T. Tasso
S. Spirito
Piazza S. Spirito
V. d. Guicciardini
S. Felicità
Lung. Gen. Diaz
Corso dei Tintori
Lung. d. Grazie
Via Tripoli
Lung. d. Zecca Vecchia
Via della Chiesa
Piazza dei Pitti
Lungarno Torrigiani
Ponte alle Grazie
Arno
Giardino Torrigiani
Viale
Via del Campuccio
S. Felice
Palazzo Pitti
Via d. Bardi
Lungarno Serristori
Museo Bardini
Piazza Giuseppe Roggi
Romana
Fortezza di Belvedere
Via di Belvedere
Giardino di Boboli
Piazzale Michelangelo
Viale F. Petrarca
S. Salvatore al Monte
Porta Romana
Galluzzo / Giogoli
Impruneta
S. Miniato al Monte

Aus dem Inhalt

Einführung

»Männer von hervorragendem Geist pflegten bei allen ihren Handlungen, aufgrund eines brennenden Verlangens nach Ruhm, keine noch so schwere Mühe zu scheuen, um ihre Werke zu jener Vollkommenheit zu bringen, die sie für alle Welt erstaunlich und bewundernswert machen sollte. Auch konnte die niedere Herkunft vieler nicht ihre Anstrengungen aufhalten, zu höchster Anerkennung zu gelangen, um im Leben geehrt zu werden und künftigen Zeiten den Ruhm all ihrer einzigartigen Vortrefflichkeit zu hinterlassen.«

Mit diesen Worten entwarf Giorgio Vasari in der Einleitung seiner berühmten »Vite« (Lebensbeschreibungen) in unnachahmlicher Weise das Bild des Künstlers, und dennoch vermochte er in dieser trefflichen Definition nicht zu beschreiben, wieviel der Künstler seinen Werken von seiner eigenen Unsterblichkeit verlieh.

Mit der Errichtung einer dauerhaft regierenden Dynastie in Florenz unter Cosimo I de' Medici, zweiter Herzog von Florenz und später erster Großherzog der Toskana, wurde die künstlerische Tradition der Stadt, die bis dahin auf verschiedene Wurzeln zurückgeführt worden war, nun im Licht einer höfischen Ideologie gesehen. Die Kunstgeschichtsschreibung wurde zum entscheidenden Medium, das politische Programm des neuen Staatswesens zu propagieren, wodurch der Grundstein für eine fruchtbare Symbiose zwischen Künstlern, Schriftstellern und Herrschenden gelegt und eine Blütezeit der Staatskunst in ganz Europa vorbereitet wurde.

Um zumindest in großen Zügen die Entwicklung der Florentiner Malerei und Bildhauerei vom Mittelalter bis zur Hochrenaissance nachvollziehen zu können, ist es notwendig, Tatsachen und Umstände zu verdeutlichen und sie uns ins Gedächtnis zu rufen.

Im 13. Jahrhundert verkörperte Florenz mit seinen stolzen, hohen Türmen, die von Macht und Reichtum der Guelfenstadt zeugten, für einige Zeit die Wirtschafts- und Handelsmetropole der italienischen Halbinsel. Gleichzeitig aber wurde die Stadt von einer tiefempfundenen, lebendigen Religiosität geprägt. Die ikonenhaften, hieratisch starren Formen der byzantinischen Kunst konnten den Bedürfnissen dieses vitalen, handeltreibenden Volks nicht genügen, das nach materieller Entfaltung, dauerhaftem Wohlstand und Existenzsicherheit strebte. Andererseits ist Florenz mit seinem völlig gegensätzlichen, vorsichtig abwägenden und gleichzeitig schöpferischen Charakter nicht mit einer dynamischen Stadt wie Venedig zu vergleichen. Handel und Ruhm der Lagunenstadt hingen von der Unsicherheit der Meere und den Unwägbarkeiten eines komplizierten diplomatischen Systems ab, das die Existenz von Handelsniederlassungen und Kolonien in fernen Gebieten ermöglichte.

Florenz hatte sich zunächst an der Kunst des benachbarten Pisa orientiert, das eine feindliche Republik und Seemacht war und sich wie Venedig als neues levantinisches Rom empfand. Es folgte der strengen Moral der lombardischen Städte, die sich bürgerlichen und humanen Pflichten widmeten, und so zeigen sich die spärlichen Figuren und Tiere, die in Florenz romanische Kanzeln, Wasserspeier und bisweilen auch Konsolen, Kapitelle und Basen bevölkern, der freien Formensprache oberitalienischer Künstler wie Wiligelmo da Modena, Benedetto Antelami oder Guido da Como enger verbunden als der verschlüsselten Eleganz des fernen Orients. Gleiches gilt für die Kunst Pisas, Luccas und Pistoias, die trotz zweifarbigen Marmors und mehrschichtiger Wandverkleidungen selbst in symbolischen Darstellungen eine konkrete und realistischere Lesbarkeit aufweist, als sie in Venedig gefunden werden kann.

In den Mosaiken des Florentiner Baptisteriums, das in den Quellen bisweilen auch als Dom benannt wurde, verlor sich durch die dort wirkenden venezianischen Mosaizisten mit der Zeit etwas von dieser Gegenständlichkeit und vollen Plastizität. Gleichzeitig ließen die Gestaltung der Oberflächen und die farbigen Abstufungen sowie in Venedig die Goldstege zwischen den Fassungen der byzantinischen Emailzellen einen gewissen Sinn für Reliefwirkung erahnen. Ein Anschwellen und Einsinken wird erkennbar, das den Figuren, ohne sie aus ihrer göttlichen Sphäre in die Realität des täglichen Lebens hinabzuziehen, eine glaubhafte Körperlichkeit und Greifbarkeit für den Gläubigen verlieh.

Unter den Künstlern, die diese raschen Veränderungen in der sakralen, mittelalterlichen Kunst von Florenz einleiten und bis zu einem gewissen Maße mitbestimmten, war Coppo di Marcovaldo der bedeutendste. Seine Werke ließen die Kunstgeschichtsschreibung bereits in der Malerei des Duecento etwas wie Naturalismus erkennen.

Coppo fand in der lokalen Ikonenmalerei eine Tradition vor, die – um den Betrachter der Bilder mit einzubeziehen – die unterschiedlichsten künstlerischen Techniken anwendete. Beispiele für diese frühen Werkstattversuche, die allesamt noch handwerklich ausgerichtet und lokal begrenzt waren, da nur die besten Sieneser und Pisaner Meister mit Coppo di Marcovaldo in Kontakt standen, sind die Tafel mit reliefiertem Mittelteil in Santa Maria Maggiore und die äußerst qualitätvolle Maestà des anonymen Meisters

Palazzo Medici Riccardi, Kapelle, Benozzo Gozzoli, »Zug der Heiligen Drei Könige«, Detail
Benozzo Gozzoli gehört sicherlich zu den erzählfreudigsten, wenn auch nicht zu den fortschrittlichsten Künstlern des Florentiner Quattrocento. Im Auftrag Cosimo de' Medicis schuf er in den Jahren 1459 bis 1460 die Wandfresken für dessen Hauskapelle, einen Raum privater Andacht und Refugium innerhalb des großen Medici-Familienpalastes. Hier entfaltet sich wie in einem Märchen ein glanzvoller und fröhlicher Königszug, bei dem neben der Landschaftsdarstellung und den Vergoldungen sowie Versilberungen, die nach der jüngsten Restaurierung wieder in ihrem ursprünglichen Glanz erscheinen, besonders die Vielzahl von Porträts augenfällig ist. Unter diesen kann man mehrere Mitglieder der Medici-Familie identifizieren, die sich aus Gründen der Andacht und aus Prunkliebe im Zug abbilden ließen. Unter anderem soll dies wohl auf die in Florenz existierende Bruderschaft der Heiligen Drei Könige anspielen, die, von den Medici angeführt, regelmäßig Umzüge in der Stadt veranstaltet hatte.

der Sant' Agata in Santa Maria del Carmine. In dieser sakralen Darstellungen erscheint die Muttergottes entweder im Zentrum des Bildes wie aus dem Goldgrund, der die Tafel, den Stuck und die Gipsgrundierung umhüllt, hervorgetrieben oder mit akkuraten, an die Stege zwischen den Emailzellen erinnernden Goldschraffuren bedeckt. Diese Werke stellen somit eine wirkliche Alternative zu den Devotionsbildern der Goldschmiedekunst dar, die sich in der Romanik im Herzen Europas entwickelt und ausgebreitet hatte. Von der »Pala d'Oro« in Venedig bis hin zu den mit vergoldeter Silberfolie und Edelsteinen bedeckten Madonnen Nordfrankreichs, des Rhein- und Maasgebietes und der Provence zeigen alle Werke mehr oder minder deutlich die Tendenz, das Himmlische des Sujets durch die Verwendung kostbaren Materials widerzuspiegeln, das sich nicht nur durch seine Seltenheit, sondern vor allem durch seine Unvergänglichkeit auszeichnet.

Die Gläubigen, die in einer mittelalterlichen Weltsicht befangen waren und die Zuversicht eines unerschütterlichen Glaubens besaßen, verspürten den Wunsch, die göttliche Allmacht, die über ihr Dasein wachte, in Bilder umzusetzen, dies um so mehr, als Natur und Kunst ihnen hierzu die Möglichkeiten boten. Der Wunsch nach bleibenden Werten, der sich also in allen Bereichen des Lebens äußerte, verlangte dem Künstler eine aufrichtige religiöse Handlung in seinen Werken ab, schränkte aber gleichzeitig stark die Möglichkeit des einzelnen ein, das Heilige aus persönlicher Sicht darzustellen.

Das Pathos und die Süße, die die Figuren eines Giunta Pisano, Coppo di Marcovaldo und zahlreicher heute mit Notnamen bezeichneter Künstler ausstrahlen, sind Ausdrucksmittel einer persönlichen Auseinandersetzung des Künstlers mit dem Thema, und des Versuchs, auf diese Weise die Gläubigen zu bewegen und an den heiligen Ereignissen teilnehmen zu lassen.

Die wirklichen Neuerungen setzten aber erst mit Cimabue ein. Die naturalistische Malerei hatte sich durch den Einfluß des Hellenismus in römischer Zeit verloren. Cimabue gelang es nun, eben diesen Naturalismus wiederzubeleben, indem er einen trockenen zeichnerischen Typus umformte und Schritt für Schritt das ihm zugrundeliegende farbige Liniengeflecht zu weichen Farbübergängen verschmolz.

Eine feine, nur aus nächster Nähe wahrnehmbare Schraffierung schenkte Cimabues Werken eine neue Weichheit und ein fast dunstiges Chiaroscuro (Hell-Dunkel-Malerei), das aber gleichzeitig mit einer unglaublichen Transparenz und Plastizität gepaart war. Im Jahre 1272 war Cimabue in Rom, wo er seine Auffassung von Malerei vertrat und vielleicht die Werke jener naturalistischen Strömung wiederentdeckte, die die ersten Jahrhunderte christlicher Kunst begleitet hatten. Das Bild, das uns Giorgio Vasari von diesem Künstler überlieferte, ist das eines bedeutenden Mannes, dem das Schicksal beschieden war, neben sich einen noch bedeutenderen Mann, seinen Schüler Giotto, heranwachsen zu sehen. Es läßt sich aber dennoch ermessen, wie groß die Neuerung Cimabues war, da sein Schüler, der ihn mit der Zeit überflügelte, seine eigenen Erfindungen gerade auf der von seinem Lehrer geschaffenen Basis entwickelt hatte. Vor den Fresken Giottos in der Bardi- und Peruzzi-Kapelle in Santa Croce, seinem gemalten Kruzifix in Santa Maria Novella oder seiner Ognissanti-Madonna (heute in den Uffizien) mag man allerdings den Eindruck gewinnen, daß dessen Ausdrucksmittel viel weiter entwickelt waren, als man es nach Kenntnis seiner Vorläufer hätte erwarten können.

Doch es war gerade Giotto, dessen Figuren von einem neuen Hell-Dunkel-Empfinden geprägt sind und deren Umrißlinien aus einem ganz anderen Verständnis von Tektonik erwuchsen, der auf dem von seinen Florentiner Vorgängern eben erst eingeschlagenen Weg am weitesten voranschritt.

Über diesen Künstler und seine Art, einem Volk von Kaufleuten und Handwerkern wie den Florentinern Bilderzählungen anzubieten, ist bereits viel geschrieben worden. Giottos leicht zugängliche Volkstümlichkeit in den Fresken von San Francesco in Assisi und die wohl durch den privaten Auftraggeber geforderte größere Raffinesse bei der Ausschmückung der Arenakapelle in Padua müssen jedoch ebenso erwähnt werden wie der erhabene Stil seiner Meisterwerke in Mailand oder der für das Heilige Jahr 1300 in Rom geschaffenen, von denen heute nur mehr ein Freskenrest in San Giovanni in Laterano zeugt.

Man übertreibt nicht, wenn man in Giotto den Anfang einer neuen Auffassung von Raum und Figuren verkörpert sieht. Er vermochte in überzeugender Weise Figuren und Umraum in ein nachvollziehbares Verhältnis zueinander zu setzen und verlieh damit seinen Bildern eine den Betrachter überzeugende Glaubwürdigkeit. Der berühmte »Kastenraum«, in den Giotto jene schweren, gravitätischen Figuren plazierte, die durch ihre Gruppierung und Anordnung nicht nur die Raumhaltigkeit der Architektur rechtfertigten, sondern auch in gewisser Weise in ihren Ausmaßen definierten, wurde mit der Zeit immer mehr konkreten, mathematischen Gesetzen unterworfen und erschien – obwohl gänzlich willkürlich festgelegt – optisch nachvollziehbar.

So wirken beispielsweise die Bildarchitekturen der Bardi-Kapelle in Santa Croce als fest gefügte, geometrisch bestimmbare Baukörper, obwohl sie in Wirklichkeit zarte Loggien sind, die sich zum Betrachter hin öffnen, um ihm die Ereignisse darzubieten. Aber bereits in Giottos Fresko der »Überprüfung der Stigmata« in San Francesco in Assisi war das große, verkürzt gezeigte, in der Mitte des Querbalkens wie bei einer Ikonostase aufgerichtete Kruzifix seitlich der Marientafel in der oberen Zone der Darstellung wie eine unerhörte Kühnheit erschienen. Dieser folgenreiche Kunstgriff sollte deutlich erkennbare Nachahmung in den Werkstätten von Giottos Nachfolgern und noch mehr in den malerischen Experimenten gegen Ende des Jahrhunderts finden.

In diesem künstlerischen Rahmen, in dem die Schüler Giottos mit solcher Leichtigkeit ihre Formensprache verbreiteten, hörten die Sieneser Maler nicht auf, ihre eigenen Ideen umzusetzen. Hier vertrat Duccio di Buoninsegna eine andere Vorstellung von sakralen Bildern. Seine Tafeln zeigen sich enger der ikonographischen Tradition von Byzanz verpflichtet. Ihre formale Entwicklung entsprang dem Wunsch, dem Gläubigen das zu zeigen, was als das wahre Abbild der Muttergottes galt, so wie der Heilige Lukas sie gemalt hatte. Anders als in Florenz strebte man nicht an, den Gläubigen in die Darstellung miteinzubeziehen, indem man versuchte, in den Bildern Figuren aus Fleisch und Blut wiederzugeben. So entstand Duccios »Pala Ruccellai«, die ursprünglich als Altarblatt für die Kapelle der gleichnamigen Florentiner Patrizierfamilie in Santa Maria Novella geschaffen worden war und heute aus konservatorischen Gründen in den Uffizien aufbewahrt wird.

Bei sorgfältiger Betrachtung dieser einzigartigen Maestà erkennt man, in welchem Ausmaß sie Zeugnis von Duccios meisterhaftem Schaffen ablegt. Sie stellt gleichsam ein Gebet dar, das der Künstler als unablässige Hymne an die Muttergottes richtete. Man kann nicht umhin, von den Details gefangen zu sein, dem Schillern der Engelsgewänder und den Fältelungen und Drapierungen der Stoffe, die der gesamten Darstellung den Charakter eines zarten Reliefs verleihen. Eine strahlende Theophanie zwischen orientalischen Seiden als Vorhang des Thrones und dem Goldschimmer der reich bestickten Bordüren des Mantels und der feinen Goldschmiedepunzen der Nimben: ein Werk, das aus der Nähe betrachtet werden will, obwohl es für die Verehrung durch die Gläubigen aus der Ferne geschaffen worden war. Auch erst bei genauem Hinsehen offenbart sich die Pracht des Rahmens, mit Heiligendarstellungen in den Okuli und vegetabilem Ornament, das die Cloisonné-Arbeiten der Hauptstadt des Oströmischen Reiches ins Gedächtnis ruft.

Nach dem Tode Bernardo Daddis, der kurz zuvor, im Jahre 1347, noch die Maestà für Or San Michele geschaffen hatte, und vieler anderer Künstler während des Pestjahres, war es die Werkstatt der Orcagna, die der Florentiner Malerei ihren Glanz zurückgab – und nicht nur der Malerei, wie das Tabernakel Andrea Orcagnas, des Hauptmeisters der Schule, zeigt, das in seinem Inneren die Madonnentafel birgt. Mit Or San Michele, das wegen seines Gnadenbildes hohe Verehrung erfuhr, erreichte die Florentiner Architektur während der zweiten Hälfte des Trecento unter Francesco (seit 1357) und Simone (vor 1367 bis 1380) Talenti ihre volle Blüte. Beide Baumeister zeichneten auch für die berühmte »Loggia die Lanzi« verantwortlich (seit 1367 zusammen mit Benci di Cione), mit der sie bewiesen hatten, daß sie auch mit den neuen Strömungen der nordalpinen Gotik vertraut waren.

Das letzte Viertel des Trecento brachte der Stadt entscheidende Jahre, in denen auch auswärtige Künstler wie Piero di Giovanni Tedesco in Florenz arbeiteten, der unter anderem die »Madonna della Rosa« schuf, die gegen Ende des Jahrhunderts von der Zunft der Ärzte und Apotheker in einer Außennische an Or San Michele aufgestellt wurde. Während langsam das Echo der Schule Giottos verhallte, als deren letzter bedeutender Vertreter man Agnolo Gaddi bezeichnen könnte, entstand ein ausgeprägtes Empfinden für die weichere Bewegung der Formen, die die sienesische Kunst eines Simone Martini oder Lippo Memmi wieder heraufbeschwor. Ihre Gemälde hatten sich sehr früh der Eleganz französischer Kunst geöffnet und ihrerseits wieder auf deren Entwicklung Einfluß genommen.

Mitte der 1360er Jahre war Giovanni da Milano in der Rinuccini-Kapelle in Santa Croce tätig. In seinem Werk begegnet man bereits jenem sensiblen Empfinden für die Modellierung von Figuren, verbunden mit einem zarten Chiaroscuro. Dies sind Eigenschaften, die besonders deutlich in seiner Tafel mit der »Grablegung Christi« in der Accademia werden. Schon in der Rinuccini-Kapelle läßt sich beobachten, wie die Patrizierinnen, die dieser lombardische Künstler darzustellen liebte, nicht nur sehr reizvoll wiedergegeben sind, sondern auch von einer besonderen Grazie geprägt werden, die umso weltlicher und mondäner wirkt, als sie geschmückt und herausgeputzt in ihrer modischen Kleidung erscheinen. Die Freude an der Eleganz weiblicher Formen und diese ersten Ansätze, den Körper als etwas Weiches, Lebendiges und Schmiegsames zu begreifen, sind symptomatisch für das Eindringen

Uffizien, Gentile da Fabriano, »Anbetung der Könige«, Detail
Dieses herausragende Werk wurde von Palla Strozzi im Jahre 1423 in Auftrag gegeben und verkörpert einen Retabeltypus, der bezeichnend für den Geschmack der Renaissance war und sich in jenen Jahren in Florenz etablieren sollte. Wie in den Werken Lorenzo Ghibertis sind auch bei Gentile da Fabriano die Bezüge zur burgundischen Kunst offensichtlich. Diese galt sicher zu Recht als die eleganteste und vollkommenste Kunst im damaligen Europa, bei der das Studium und die Verarbeitung klassischer literarischer Anregungen dennoch die Pflege der ritterlich-höfischen Kultur nicht ausschloß.

Das Funkeln der verschwenderisch mit Gold ausgestatteten Details, die bisweilen sogar reliefartig mit Gips modelliert wurden, wie am Stoßdegen des Schildknappen des jungen Königs, und der Reichtum der Farben mußten Phantasie und Geschmack anderer Auftraggeber in Florenz angeregt haben und führten zu einigen Freiheiten der Formensprache, die sich noch in Gemälden der sechziger Jahre des Quattrocento beobachten lassen.

Einer der Könige ist, wie das sonst in der Ikonographie Nordeuropas üblich war, als junger Mann und folglich in Rüstung dargestellt, während die beiden anderen das reife und das hohe Alter verkörpern. Sein strahlender Brustpanzer, der – wie häufig auch in anderen Werken zu beobachten – gleich den Flügeln einer Fledermaus gebildet ist, ist mit Brokat geschmückt, dessen silberne Ornamente mit der Zeit oxydiert sind.

jenes verfeinerten, höfischen Stils in das rauhe Florenz, der bald ganz Europa bestimmen sollte.

Diese Zeitstimmung bewirkte also, daß man sich auch durch die Freude an Äußerlichkeiten wieder dem Interesse für den Menschen selbst zuwandte. Der Künstler als nunmehr individuelles Wesen betrachtete sich von Tag zu Tag mehr als Kunstschaffender und nicht mehr nur als Handwerker. Dies erklärt den enormen Antrieb, den die Künste in jenen Jahren erlebten und der sich in gewissem Sinn auch auf die Laien übertrug. Besonders die Goldschmiede wurden von diesem Aufschwung begünstigt, der – auf der Grundlage einer gesicherten Auftragslage – zu einer Blüte zahlreicher Werkstätten führte. Letzter Vertreter einer Welt, die langsam verlosch, war Lorenzo Monaco, der bis ins zweite Jahrzehnt des Quattrocento fortfuhr, Figuren nach dem traditionellen Schönheitsideal einer längst überlebten Gotik zu schaffen, unfähig, sich der Faszination einer Epoche zu entziehen, die seine künstlerische Entwicklung geprägt hatte.

Vielleicht wurde gerade aus der Lombardei mit den Werken von Giovanni da Milano und Piero di Giovanni Tedesco jener Funke nach Florenz getragen, der den Vater der Renaissance, Filippo Brunelleschi, bewegen sollte, die größte Neuerung der Kunstgeschichte seit den Zeiten Polyklets und bis zur Entdeckung der abstrakten Kunst einzuleiten. Meines Wissens wurde bisher nie ernsthaft die Möglichkeit bedacht, daß die Ideen der Renaissance zuerst in anderen Gebieten als den drei Hauptgattungen der Kunst – der Architektur, der Skulptur und der Malerei – aufgekeimt sein könnten. Traditionelle Ansichten oder übereilt gefällte Urteile, wie sie in manchen Lehrbüchern zu finden sind, scheinen zu der allgemeinen Meinung geführt zu haben, daß der Malerei oder besser, wie Giorgio Vasari meinte, der Zeichenkunst, als der Mutter aller Künste, die Führung in dieser Entwicklung gebühre. Hätte im Quattrocento ein Neuerer solch eine moderne Haltung eingenommen, wäre er wohl ein Mitglied der Zunft der Goldschmiede gewesen, da diese Künstler die eigenen Entwürfe verbesserten, indem sie die Zeichnungen in ein anderes Medium übertrugen und sich gleichzeitig die Technik der Metallbearbeitung aneigneten.

Dies galt auch für Filippo Brunelleschi, der, wie sein Biograph Antonio Manetti berichtet, ein vollendeter Meister der Goldschmiedekunst war. Seine Figuren für den Jakobusaltar im Dom von Pistoia rufen heute noch wegen ihrer Feinheit und der Lebendigkeit und Ausdruckskraft ihrer Gesichter Bewunderung hervor. Aber kehren wir zu der Frage zurück, was Brunelleschi zum führenden Geist der Kunst der Renaissance werden ließ. Alle Gebiete, denen er seine Aufmerksamkeit zuwandte, wurden von einer grundlegenden Problematik beherrscht: der Proportion. Die zugleich christlich und platonisch orientierte Philosophie des Florentiner Humanismus sah in mehreren Weisen die Beziehung von Mensch und Universum zueinander, fand jedoch letztendlich immer zu einem anthropozentrischen Bild des Kosmos. Der Mensch war das Maß aller Dinge und seine idealen Proportionen, die aus heutiger Sicht fast an Polyklets Kanon erinnern, ließen sich gut auf das übertragen, was Vitruv als Parameter architektonischer Glieder angeboten hatte. Daher stellten Mensch und Architektur in ihrer Gesamtheit Organismen dar, die von einem allgemeingültigen Gesetz bestimmt wurden: dem der göttlichen Proportion. Hiervon schrieb Luca Paccioli, und dieser Gedanke läßt sich in allen kunsttheoretischen Schriften der Zeit wiederfinden.

Die Glieder des menschlichen Körpers mußten daher, wenn sie in ihrem Verhältnis zueinander harmonisch waren, in mathematisch definierbaren Proportionen zueinander stehen, so daß das geometrische Bild, das durch den menschlichen Körper definiert wurde, die identische Wiederholung des allumfassenden Prinzips des von Gott geschaffenen Universums war.

Es wird nun nötig sein, sich mit einer Tatsache auseinanderzusetzen, die bisher noch nicht ausreichend von kunsthistorischer Sicht beachtet worden ist, die aber das Verständnis dafür erleichtert, in welchem Geist sich die Menschen der Renaissance der bildenden Kunst zugewendet haben. Gegen Ende des Trecento, genauer gesagt während des letzten Viertels des 14. Jahrhunderts, hatte man eine Plattenrüstung aus geschmiedeten Metall erfunden, deren Einzelteile derart beschaffen waren, daß sie dem Kämpfenden jede Bewegungsfreiheit erlaubten und gleichzeitig alle Körperteile angemessen und dauerhaft schützten. An der Entwicklung dieses Rüstungstypus hatte die Toskana entscheidenden Anteil, da sie Schauplatz von Scharmützeln und Schlachten war, die Söldner aus ganz Europa auf die italienische Halbinsel geführt hatten. In der Lombardei hingegen hatte man eine Rüstung entwickelt, die unter dem Gesichtspunkt einer kostengünstigeren Produktion stand. Mehr noch als die Kleidung, deren Schnitte ähnlichen Bedürfnissen zu entsprechen hatten, kopierten die Rüstungen die Formen des menschlichen Körpers, wobei sie in einem auf der Anatomie basierenden, abstrahierenden Verfahren die Glieder des Körpers entsprechend ihrer Funktionen definierten. Dieses nach dem menschlichen Körper geformte Metallgerüst stellte einen fest

geschmiedeten, aber gleichzeitig beweglichen Parameter dar, auf dessen Grundlage es möglich war abzumessen, wieviel dieser neue Panzer vom Körper verdeckte.

Der Einfluß dieser Erfindung auf das künstlerische Schaffen ist noch schwer einzuschätzen. Die Architektur Filippo Brunelleschis ging jedoch von analogen Überlegungen aus. In der Tat kann nur ein Raum, der vom Menschen nach mathematischen und geometrischen Gesetzen konstruiert worden ist, das heißt, nach klassischen architektonischen Proportionsregeln geordnet wurde, dem menschlichen Auge auch die Koordinaten liefern, die nötig sind, um das Volumen der Gegenstände, die in diese Architektur eingestellt wurden sowie ihre Entfernungen und Beziehungen zueinander vollständig zu begreifen. So ruft im Inneren von San Lorenzo nicht allein der Rhythmus der Säulenarkaden, sondern vielmehr die Wiederkehr bestimmter Entfernungen und Raumteile einen harmonischen Eindruck hervor. Es handelt sich hierbei um eine »Schachbrett-Perspektive«, die nicht mit Hilfe der Malerei auf einer ebenen Fläche simuliert, sondern auf dem Fußboden der Kirche verwirklicht und in die räumliche Dimension überführt wird. So vermittelt sie dem Betrachter die Vorstellung einer Art räumlichen Gerüsts, mehr noch eines Netzwerks, in dem die konkret definierten, dreidimensionalen Objekte einen klaren Platz zugewiesen bekommen und der Intellekt des Betrachters sie in sein Bewußtsein aufnehmen und sich ihrer bemächtigen kann. In diesen Überlegungen wird meines Erachtens verständlich, was Brunelleschi dazu bewegte, mit solcher Dringlichkeit die Proportionen der einzelnen Glieder seiner Bauten zu bestimmen.

Auch der Bildhauer Donatello verdankte die klare Definierung seiner Figuren und ihres Verhältnisses zum sie umgebenden Raum vor allem den Anregungen seines engen Freundes Filippo Brunelleschi. Besonders deutlich wird diese Abhängigkeit an Donatellos »Verkündigungsrelief« in Santa Croce, das der Künstler für die Familie Cavalcanti geschaffen hatte. Hier ist der Anspruch Donatellos, die Wirklichkeit nachzuahmen, gezügelt. Um die abgebildeten Personen nicht zu naturgetreu erscheinen zu lassen, agieren die Figuren des Verkündigungsreliefs auf einer kleinen »Bühne« in einem begrenzten, architektonisch definierten Raum und weisen durch ihr Material darauf hin, daß sie nur Nachempfindungen der Realität, die sie wiedergeben, sind. Dies ist an sich keine absolute Neuerung. Auch die Sieneser Bildhauer hatten – lange vor dem Wettbewerb um den Auftrag für die Bronzetüren des Florentiner Baptisteriums von 1401 – für ihre Skulpturen achteckige oder zumindest regelmäßig gebildete Sockel verwendet, die den stark illusionistischen Effekt der farbigen Holzfassung negierten und die Figuren von ihrem Umraum isolierten. Somit waren die Skulpturen das, was sie sein konnten: zur Devotion bestimmte Nachbildungen und didaktisches Mittel – und keine Götzenbilder –, die das wahre Bild der Heiligen, deren Taten und Tugenden sie den Gläubigen in Erinnerung rufen sollten, mystifizierten. Diesem strengen Konzept entsprach der partielle, aber stetig fortschreitende Verzicht auf naturgetreue, farbige Fassungen der Bildwerke während des Quattrocento, der dazu führte, daß in Florenz mit der Zeit das fleischfarbene Inkarnat der Marmorskulpturen verschwand, das nur noch Francesco Laurana gegen Ende des Jahrhunderts, in Nachahmung des Praxiteles, seinen Büsten der aragonesischen Fürstinnen aufgelegt hatte. Akzeptiert wurde jedoch die verfeinerte Farbgebung Luca della Robbias, der in der reinen, glänzenden Unschuld seiner Madonnen die Kostbarkeit der Elfenbein- und Emailarbeiten des vergangenen Jahrhundets evozieren konnte. Die Glasur dieser Terracotta-Arbeiten setzte ein wahres technisches Wunder voraus und erschien äußerst geeignet, den göttlichen Schaffensakt widerzuspiegeln, da sie dazu beitrug, den Ton scheinbar in lebendige Körper zu verwandeln. Es sollen hier nicht die zahlreichen, unterschiedlichen philosophischen und theologischen Faktoren, die die Majolikaproduktion der Familie Della Robbia in der Zeitspanne von ihren Anfängen bis ins späte 16. Jahrhundert hinein geprägt hatten, zusammengefaßt werden, da die Beziehung zwischen Künstler, Material, vollendetem Werk und Gläubigem zu jedem Zeitpunkt dieser Entwicklung wieder eine andere gewesen war.

Die Malerei stand nahezu im Schatten dieses Phänomens. Als anspruchsvollste Kunstgattung hatte sie stets andere Künste nachgeahmt und dennoch das Feld behauptet: im Mittelalter gegenüber der Goldschmiedekunst, in der Renaissance gegenüber der Bildhauerei. Als Filippo Brunelleschi die Florentiner mit zwei Täfelchen in Erstaunen versetzt hatte, die, den Regeln seiner »perspectiva artificialis« folgend, das Baptisterium und den Palazzo Vecchio so naturgetreu abbildeten, daß sie die Sinne der Betrachter täuschen konnten, war die Zeit reif für die Neuerungen Masaccios; Neuerungen, die mehr als nur technischer und daher auch inhaltlicher Natur waren.

Masaccios »Trinitätsfresko« in Santa Maria Novella legt hiervon ein beeindruckendes Zeugnis ab, denn fast die gesamte Malerei des Quattrocento, die modern und den grundsätzlichen Werten ihrer Zeit aufgeschlossen sein wollte, mußte sich damit auseinandersetzen. Die von Masaccio vorgeführte Idee ging über die Grenzen des Vorstellungsvermögens des mittelalterlichen Menschen hinaus, da der Künstler mit der Beziehung zwischen Realität und Illusion in nie zuvor gekannter Virtuosität spielte. Er bediente sich der Linearperspektive Filippo Brunelleschis, so daß nun auch in der Malerei der Weg für die neue Kunstentwicklung geebnet war. Die künstlerischen Protagonisten der ersten Generation sollten in Masaccio einen dauerhaften Bezugspunkt finden.

Die Abmessungen des »Kastenraums«, in den Paolo Uccello in den drei Darstellungen seiner »Schlacht von San Romano« seine Krieger stellte, ließen sich dank eines Netzwerks zerbrochener Lanzen auf dem Boden deutlich ablesen. Es offenbarte jedoch auch, daß die einzelnen Kämpfer angesichts des wenigen Platzes, den sie einnahmen, nicht die Plastizität von Skulpturen besitzen konnten, sondern kaum mehr als flache Schablonen waren. Die Figuren zeichnen sich vor einem Grund ab, der gerade durch die Verleugnung einer Perspektive dem Betrachter zeigt, daß er sich im übertragenen Sinne vor einer Art Wandteppich befand, der den wirklichen Tapisserien vergleichbar war, die laut zeitgenössischer Quellen im Palazzo Medici hingen. In einer früheren Arbeit Paolo Uccellos, dem Reiterbild des John Hawkwood im Florentiner Dom von 1436 war die Kunstfertigkeit des Freskos im Hinblick auf die Perspektive so angelegt, daß der Betrachter keinen fest definierten Standpunkt vor dem Bild einnehmen, sondern im Kirchenschiff daran vorüberschreitend die Vorstellung einer illusionistischen Darstellung gewinnen sollte. Diese Intention, Pferd und Reiter als erhabenes Standbild abzubilden, hatte eine Entzerrung der Verkürzungen und einen Bruch in der Perspektive bedingt, so daß das Pferd parallel zur Ebene des Betrachters auf der Kante des Sarkophages einherzuschreiten scheint, und der Reiter eng mit ihm verbunden im Sattel sitzt. Die stolze Signatur Paolo Uccellos auf der Platte über den Konsolen zeigt, daß er mit dem Ergebnis, das durchaus den täuschen konnte, der sich nicht mit unerschütterlich kritischem Auge vor dem Monument aufstellte, sehr zufrieden war.

Selbst zwanzig Jahre später vermochte Andrea del Castagno keine bessere Lösung für sein freskiertes Reiterbild des Niccolò da Tolentino zu finden, das ebenfalls für den Florentiner Dom bestimmt war, als er lediglich den Blickpunkt aus der Achse der Komposition schob. Nur einige Jahre zuvor, vielleicht gegen Mitte des Jahrhunderts, hatte er in der Villa Pandolfini in Legnaia einen Freskenzyklus mit den Darstellungen der »uomini illustri« (bedeutende Männer) und weiblichen »exempla virtutis« (Tugenden) hinterlassen. Die Figuren in illusionistisch gemalten tiefen Nischen gaben vor, in Wirklichkeit monumentale Holzstatuen zu sein.

Obwohl sich ihr ursprünglicher Kontext heute schwer nachvollziehen läßt, da eine gesamte Wand in die Uffizien verlegt werden mußte, bezeugen die verbliebenen Reste die klaren, analytischen Gedanken, mit denen diese Meister solche Aufgaben bewältigten. »Adam und Eva« erscheinen auf gut erkennbaren Holzsockeln, wie Lippo Memmi sie im Trecento unter seinen Heiligenfiguren zu beiden Seiten von Simone Martinis »Verkündigungsszene« (heute in den Uffizien) angebracht und wie Jacopo della Quercia sie unter seiner sublimen hölzernen »Verkündigungsgruppe« für die Hauptkirche von San Gimignano (Collegiata) geschaffen hatten. Auswärtige Maler wie Filippo Lippi oder Beato Angelico setzten sich nicht mit dieser Problematik auseinander. Die formale Einheitlichkeit ihrer Gemälde, auch wenn es sich um sakrale Darstellungen handelte, ließ sich gut mit den Bedürfnissen einer volkstümlichen Lehrhaftigkeit verbinden.

Neben einer grundlegenden Erneuerung des Verständnisses von bildender Kunst, die in einer radikalen Vereinfachung der malerischen und architektonischen Ausdrucksmittel bestand, kann man eine sich seit Beginn des Jahrhunderts ausbreitende prachtliebende Formensprache beobachten, die dem spätgotischen Geschmack italienischer und ausländischer Hauptstädte entsprach und derer sich auch die Medici bedienten. So läßt sich von Gentile da Fabriano bis Benozzo Gozzoli eine Entwicklungslinie jener prunkliebenden, eleganten Kunst verfolgen, die sich eher als höfische Pracht, denn als betont schlichter Ausdruck eines logisch-lehrhaften Humanismus erwies, und die auch Künstler prägte, denen das Werk der großen Innovatoren durchaus bekannt war. So wurde der höfische Akzent der Werke eines Filippo Lippi und eines Domenico Veneziano in den Arbeiten von Zanobi Machiavelli und Francesco di Simone di Giuliano d'Arrigo, genannt Pesellino, ins Süßliche und Bedeutungslose verfälscht; noch Mitte des Jahrhunderts florierten die Werkstätten eines Giovanni di Ser Giovanni di Monte Cassai, genannt Lo Scheggia, und eines Apollonio di Giovanni, und in der zweiten Hälfte des Quattrocento konservierten Pierfrancesco Fiorentino und andere die Elemente einer längst überlebten höfischen Kultur in nahezu banalisierender Weise.

Als Benozzo Gozzoli 1462 die Fresken der Kapelle des Palazzo Medici vollendet hatte, konnte man die Darstellung des »Zuges der Heiligen Drei Könige« an

diesem Ort als eine programmatische Zurschaustellung des Reichtums der Auftraggeber und deren Stellung im öffentlichen Leben empfinden. Über Gesellschaften, die sich dem Ausrichten von Festlichkeiten widmeten, und, noch unmittelbarer, über die politischen Versammlungen der Signoria (Stadtregierung) hatten die Medici großen Einfluß auf das Leben der Stadt gewonnen. In weniger als einem Jahrzehnt sollte sich der Stil der politischen Propaganda und des Kunstmäzenatentums grundlegend ändern. Das Wissen um die Verwurzelung von Cosimo Il Vecchio in der stoischen Philosophie machte es uns möglich, die Bedeutung einiger von ihm bestellter oder auch nur erworbener Hauptwerke Donatellos zu begreifen, so auch der »Judith« (das Original befindet sich heute im Palazzo Vecchio), die ursprünglich für Siena bestimmt gewesen war, sich jedoch aufgrund ihrer symbolischen Aussage sehr leicht der mediceischen Ikonographie einfügen ließ.

Im Jahre 1470 bestellte das Handelsgericht (Tribunale di Mercanzia) bei Antonio del Pollaiuolo und Sandro Botticelli Gemälde mit Tugenddarstellungen. Dabei konnte Botticellis Holztafel mit der »Personifikation der Stärke« nicht mehr verbergen, daß die Kunst zu einem Mittel profaner und politischer Propaganda geworden war, hinter der auch die Gesetze der Perspektive zurücktraten. Thema und Art der Aufträge waren, da sie in einer in Florenz bis ins Trecento zurückreichenden Tradition standen, sicherlich nicht neu, aber ihre Formensprache wurde jetzt von anderen Werten geprägt. Man sollte aus historischer Sicht der Dinge nicht den Fehler begehen, die Bedeutung des Stils als inhaltsträchtigen Faktor einer Darstellung zu verkennen und somit den Wandel künstlerischer »Moden« nur unter leeren formalen Aspekten zu verfolgen. Schon wenn man die Veränderungen der Formensprache bei Andrea del Verrocchio beobachtet, bemerkt man, wie sich eine fast neohellenistische Grazie in manchen seiner erhabenen Werke wie der Bronzegruppe von »Christus und dem ungläubigen Thomas« an der Fassade von Or San Michele zeigt. Seinen narrativen Darstellungen haftet hingegen eine größere Unruhe und Bewegung an, so der Silbertafel mit der »Enthauptung des Heiligen Johannes« und dem Marmorrelief des Tornabuoni-Grabmals, das sich heute im Bargello befindet. Die zweite Hälfte des Jahrhunderts und besonders die Zeit zwischen 1460 und 1480 erlebte also eine tiefgreifende Modifizierung des Geschmacks, die sich sowohl auf die bildenden, als auch auf die angewandten Künste und den Schmuck von Gebrauchsgegenständen erstreckte. Zu einer mehr analytischen und beschreibenden Haltung, deren Wurzeln in der Nachahmung des Naturalismus der flämischen Kunst lagen, gesellte sich eine nervösere, beweglichere Figurenauffassung, wie sie uns Antonio del Pollaiuolos Stich der »Schlacht der nackten Männer« vorführt. Die Quellen, allen voran Vasari, berichten, daß auch ein Relief des identischen Themas existiert habe, das in Abgüssen und Kopien so weit verbreitet gewesen sei, daß man es in jeder Werkstatt der Stadt gefunden hätte.

Diese neue künstlerische Formensprache, der sich alle Florentiner Meister, selbst die weniger fortschrittlichen, anschlossen, ergriff auch Sandro Botticelli, dessen Werke zunächst von den mannigfaltigen Anregungen des von den Medici geförderten Neuplatonismus und später von der von Girolamo Savonarola gepredigten asketischen Strenge geprägt worden sind.

Maler wie Domenico Ghirlandaio, der die seit der Mitte des Jahrhunderts im Keime existierende Porträtkunst vorantrieb, Piero di Cosimo, Matteo Rosselli, Lorenzo di Credi und endlich Leonardo da Vinci waren für die Fortdauer eines eleganten zeichnerischen Stils verantwortlich, entwickelten jedoch auch gleichzeitig eine immer überzeugendere plastische Formensprache zur Darstellung des Menschen. Domenico Ghirlandaios Fresken für die Sassetti-Kapelle in Santa Trinità legen lebendiges Zeugnis dafür ab, wie eine zunehmend narrative, fast schon chronistische Darstellungsweise Künstlern und Auftraggebern erlaubte, mit äußerster Genauigkeit Ereignisse und Persönlichkeiten einer Stadt festzuhalten, die sich ihrer kulturellen Vorrangstellung in Italien bewußt war.

Wenn auch die flämische Kunst, und hier besonders Hugo van der Goes' 1477 von Tommaso Portinari, dem Leiter der Brügger Medicibank, in Auftrag gegebener und anschließend nach Florenz transportierter Flügelaltar (heute in den Uffizien), diese Hinwendung zu einem alles umfassenden Detailrealismus ausgelöst hatte, so ließen Zeichen einer inneren Regeneration in Architektur und Skulptur nicht lange auf sich warten. Das letzte Jahrzehnt des Quattrocento sah den neuen Leitstern am künstlerischen Firmament der Welt aufgehen. Während Filippino Lippi seine erst 1502 vollendeten Fresken in Santa Maria Novella malte, schuf Michelangelo Meisterwerke wie den »Trunkenen Bacchus« (heute im Bargello) und die vatikanische »Pietà« und setzte den Meißel an den riesigen, bereits von Agostino di Duccio in Angriff genommenen Marmorblock, um aus ihm den berühmten »David« entstehen zu lassen.

Von den Sphingen in Giseh zur »Spitzhacke« Claes Oldenburgs und von den Gold-Elfenbein-Bildwerken

Uffizien, Masolino und Masaccio, »Anna Selbdritt«
Zwei der bedeutendsten Meister der Frührenaissance, Tommaso di Cristoforo Fini, genannt Masolino, und Tommaso Guidi, genannt Masaccio, schufen hier gemeinsam ein Werk, das Zeugnis von der Suche jener Zeit nach räumlicher Wiedergabe von Figuren ablegt. Masolino, dem noch der gotischen Malerei verhafteten Künstler, wurden vier der Engel sowie die Heilige Anna zugeschrieben, allesamt Figuren, die noch nicht überzeugend räumliche Tiefe suggerieren können. Masaccios Muttergottes und das Kind, das der Masaccio sicherlich bekannten antiken Skulptur des »Knaben mit der Gans« ähnelt, lassen hingegen bereits eine sehr viel plastischere Körperlichkeit erahnen.

des Phidias bis zu Michelangelos »David« hatten sich die Kolossalfiguren in der Kunstgeschichte stets als Monumente eines entscheidenden Augenblicks des Umbruchs erwiesen. Sie waren schöpferische Höhepunkte, geschaffen in der unerschütterlichen Zuversicht, Inhalten in plastischer Form Ausdruck verleihen zu können, und in der stolzen Überzeugung, endlich durch Vernunft und mit eigener Kraft eine bestimmte Gewißheit und Erkenntnis erworben zu haben.

Die Epoche, die mit Michelangelos Giganten auf der Piazza della Signoria beginnt und mit der melancholischen »Abbondanza« in den Boboli-Gärten endet – Pietro Tacca und Bastiano Salvini hatten ihr die idealisierten Züge der Gemahlin Francesco I de' Medicis, Johanna von Österreich, verliehen –, sah das Erreichen des kulturellen Zenits, aber auch den schrittweisen Niedergang der Florentiner Kunst. Obwohl Florenz, dessen politische Macht längst nicht mehr dem Ruhm, den es erworben hatte, entsprach, ausdauernd an den alten Werten festhielt, war der Verfall nicht mehr aufzuhalten. In einem Italien der Päpste und einem Europa des Kaisers fand die Stimme von Florenz ob der glücklichen und umsichtigen Heirats- und Dynastiepolitik der Medici lange noch Gehör, aber ihr Widerhall wurde immer schwächer, bis er schließlich die Niedergeschlagenheit des am großherzoglichen Hofe geübten »recitar cantando« annahm. Die mediceischen Päpste Leo X., Clemens VII., aber auch Pius IV., handelten, als schmücke Florenz sich immer noch mit prachtvollen Kunstwerken, und bestellten in der Tradition eines nie erlöschenden Familienmäzenatentums bei Michelangelo und später auch bei anderen Künstlern Werke, die heute noch von jenen Zeiten, jener Treue und jener offensichtlichen Ungewißheit zeugen. Der Manierismus zeigte sich als Ausdruck einer Gesellschaft, die nach dem von Leonardo, Michelangelo und Raffael erreichten künstlerischen Höhepunkt der Renaissance in eine große Krise gestürzt war. Dieser Gedanke ist so tief in unser Bewußtsein eingedrungen, daß man fürchten muß, es handle sich dabei eher um ein vorschnell gefälltes Urteil, als um eine kritisch begründete Meinung.

Betrachtet man einen Bau Michelangelos, wie das Vestibül der Biblioteca Laurenziana, so bemerkt man, daß sich seine Formensprache traditioneller, klassischer Elemente bedient. Säulen, Halbsäulen, Rücklagen und Pilaster, Halbpilaster und Lisenen – um nur die vertikalen Bauglieder zu nennen, die entwickelt worden waren, um von runden und quadratischen Schäften, den plastischen Bauteilen, schrittweise zur Fläche überzuleiten – sind antike Bauglieder, die neu betrachtet und nach anderen Regeln als denen Leon Battista Albertis wieder zusammengefügt worden sind. Es war Filippo Brunelleschi, dem Michelangelo mehr noch als Alberti seine Anregungen verdankte, und in Florenz fand sich sonst kein anderer Künstler, der Michelangelo so nachhaltig hätte beeinflussen können.

Alberti ist in der Tat, wie sein Architekturgehäuse in der Ruccellai-Kapelle in San Pancrazio zeigt, das eine Nachempfindung des Heiligen Grabes darstellt, ein sehr viel enger den klassischen Regeln verpflichteter Künstler als Brunelleschi. Letzterer experimentierte, auch oft über die Regeln hinaus, mit allen Möglichkeiten, die die einzelnen klassischen Bauelemente und -strukturen boten, um durch die Gewohnheit bereits verfestigte Schemata abzuwandeln oder vollständig zu erneuern. Alberti hingegen folgte der Tradition. Zumindest in seinen Florentiner Bauten, wie der Fassade von Santa Maria Novella, demonstriert er eine geradezu reliquienhafte Verehrung bereits bestehender Teile eines Bauwerks und übte große Rücksicht gegenüber städtebaulichen Eigenheiten der Umgebung, in der er arbeitete. So fügen sich Palazzo und Loggia Ruccellai, die selbst an der Sockelzone noch »opus reticolatum« (Netzverband der Steine) aufweisen, ohne Bruch in die Reihe der umliegenden gotischen Bauten ein und weisen zahlreiche Elemente auf, die nicht nur der Antike, sondern auch dem Mittelalter entlehnt sind.

Michelangelos Vorgehen ist ein anderes, das besonders in seinen Plänen für den Außen- und Innenbau der von Filippo Brunelleschi geschaffenen Kirche San Lorenzo deutlich wird. Hier leugnet er nicht mehr die Funktion der Wand als tragendes Element, was bisher immer geschehen war, sondern er verleiht ihr als Begrenzung des Raumes ein besonderes Gewicht, indem er Kontinuität und Zäsur gegeneinander setzt und schöpferisch nutzt.

In Michelangelos Entwürfen für diesen Bau liegt der Schlüssel für das Verständnis manieristischer Werke in Florenz wie in Rom und Venedig, wo die wiederentdeckten klassischen Architekturregeln nicht mehr wörtlich genommen wurden, sondern auf fruchtbaren Boden fielen.

Dies gilt andererseits auch für die Bildhauerei. So sollte der Wetteifer eines Baccio Bandinelli oder Bartolomeo Ammanati, die dem »David« Michelangelos ihre beiden eigenen Kolossalfiguren, »Herkules und Kakus« und »Neptun« zur Seite gestellt hatten, nicht als Vermessenheit gewertet werden, sondern beide Werke sind das Ergebnis desselben künstlerischen Impulses. Es versteht sich von selbst, daß die Figuren des

»Neptun« und »Herkules« mit ganz anderer Absicht von den Medici in Auftrag gegeben worden waren, bedenkt man, unter welchen besonderen Umständen die Signoria Michelangelo mit der Schaffung des »David« betraut hatte.

So mag einem Florentiner, der daran gewöhnt ist, mit diesen überlebensgroßen Verkörperungen von Idealen zu leben, der Anblick dieser Figuren natürlich erscheinen, und er macht sie zum Maßstab, um die übrigen Werke zu beurteilen, die das 16. Jahrhundert in den Straßen dieser Stadt hinterlassen hat. Dem hingegen, der sich das erste Mal jenen weißen Figuren auf der Piazza della Signoria gegenüberfindet, wird ihre vielleicht etwas erhabene, aber deshalb nicht weniger überzeugende Botschaft unmittelbar deutlich. Die heroische Nacktheit der Antike, wiederentdeckt als Zeichen menschlicher Selbstbestimmung in Zeiten der Krise, spricht gestern wie heute eine weltweite, in ihren Dimensionen unvergleichliche Sprache. Eben diese Werte nahm die mediceische Kunst auch in ihre großen Wanddekorationen auf.

Das Stilempfinden in der Nachfolge Michelangelos, wie es sich in den Werken des Kreises um Giorgio Vasari darstellt, zielte darauf, die künstlerischen Anregungen, die die Florentiner Künstler aus dem Karton der »Schlacht von Cascina« gewonnen hatten, anzuwenden. Der Karton war von Michelangelo als Entwurf für ein von der Signoria in Auftrag gegebenes Fresko im »Saal der Fünfhundert« im Palazzo Vecchio geschaffen worden, das als Gegenstück zu Leonardo da Vincis »Schlacht von Anghiari« bestimmt war. Dieser große Karton, den Giorgio Vasari als »scuola del mondo« bezeichnen sollte, wurde auch zu einem der wichtigsten Werke für die künstlerische Entwicklung Andrea del Sartos und seiner Schüler Jacopo Pontormo und Rosso Fiorentino. Sie konnten sich als erste Generation von Künstlern des Cinquecento bezeichnen, die die Neuerungen in sich aufgenommen hatten. Vielleicht hatte Jacopo Pontormo am gründlichsten die Vorgaben Michelangelos studiert, wohingegen bei Andrea del Sarto Leonardos Einfluß und die Suche nach einem ruhigen stillen Empfinden zutage tritt, die ihn, bewegt von Fra Bartolomeo und Raffael, zu einem leicht zugänglichen Stil führten. Gerade diese Malweise fand zu Beginn des Seicento, als im Zuge der Gegenreformation eine programmatische Rückwendung ausgelöst wurde, reiche Nachfolge.

Während der Regierung Herzog Alessandro de' Medicis (1511–1537), eines bei der Bevölkerung verhaßten Herrschers, der mit Gewalt die Macht zu verteidigen suchte, geriet in Florenz die Entwicklung der bildenden Kunst ins Stocken. Grund dafür mag die begrenzte Auftragslage oder die Weigerung der Künstler gewesen sein, sich einem Staatsstil zu unterwerfen. Während der Jahre, in denen Alessandro de' Medici bis zu seiner Ermordung im Jahre 1537 die Geschicke der Stadt lenkte, entstand nach Plänen Antonio da Sangallos die Festung San Giovanni Battista. Sie wurde später auch Fortezza da Basso genannt, um sie von der von Ferdinando I de' Medici Ende des Jahrhunderts in Auftrag gegebenen Fortezza di Belvedere oberhalb der Boboli-Gärten zu unterscheiden. Durch die Ausrichtung ihrer Stellungen und Bastionen nicht nur gegen das offene Land, sondern auch gegen die Stadt selbst zeugt dieser imposante Bau aus Steinbossen, abwechselnd mit Diamant- und Halbkugelquadern besetzt, von der Furcht des Herrschers, daß ihn die Autorität Kaiser Karls V., der ihn eingesetzt hatte, nicht gegen den unbeugsamen republikanischen Willen seiner Untertanen würde schützen können. Auch Michelangelo hatte mit seiner wohl 1540 für Kardinal Niccolò Ridolfi geschaffenen Brutusbüste auf die Rechtmäßigkeit einer anarchistischen Haltung verwiesen, die schließlich bis zum Tyrannenmord geführt hatte, und auf die Ermordung Alessandros durch den als »Bruto nuovo« gefeierten Lorenzino de' Medici angespielt.

Erst Cosimo I de' Medici, Sohn des tapferen Heerführers Giovanni dalle Bande Nere, vermochte die Stadt mit Weisheit und Entschlossenheit zu regieren. Ihm gelang es, trotz der allzu gewalttätigen Erwiderungen auf die Angriffe seiner persönlichen Feinde, allgemeine Anerkennung zu finden. Zum Symbol seiner Herrschaft wurden der Florentiner »Herkules« auf seinem Siegel und die Wiederaufnahme ihn preisender herkulischer Themen in der Bildhauerkunst, wobei diesem und anderen mythologischen Helden die Züge Cosimos verliehen wurden.

Neben Donatellos »Judith«, die nach der Plünderung des Palazzo Medici Ende des vorangegangenen Jahrhunderts auf die Piazza della Signoria gelangt war, wurde nun die viel imposantere und unerschütterlichere Figur des »Perseus« von Benvenuto Cellini aufgestellt. Wenn des öfteren die Meisterschaft Cellinis betont wurde, selbst zierliche Werke der Goldschmiedekunst monumental gestalten zu können, dann liegt auf der Hand, warum die Darstellung des mythischen Helden, der das soeben vom Körper getrennte Haupt der Medusa präsentiert, feinstes Tafelgerät zu sein scheint, das schließlich erst durch die Vergrößerung seiner Dimensionen zu voller Plastizität gefunden hatte. Die Statue spiegelt symbolisch Cosimo de' Medici wider, der sich der Stadt mit Hilfe seiner eigenen Künstler als ein Held darstellt, der gleichzeitig Autorität und politisches Einfühlungsvermögen besitzt, wobei er auf eine Gerechtigkeit verweist, die für alle galt und unumstößlich war. Das gesamte künstlerische Schaffen unter Cosimo I. war von diesen Inhalten geprägt, der mit dieser Art politischer Propaganda versuchte, ein allgemeines Einverständnis zu verbildlichen.

Zu anderen Zielen gelangte der Manierismus während der Regierungszeit Francesco I de' Medicis (1574–1587). Bescheidener und weniger autoritär als sein Vater galt er in den Augen seiner Zeitgenossen als der Typus des belesenen Regenten, der sich – ein wenig seinen Untertanen entfremdet – mit großem Vergnügen künstlerischen und alchimistischen Unternehmungen widmete, die von seinem Vater bereits gefördert worden waren. Hierüber vernachlässigte er militärische und diplomatische Aufgaben und entfloh den Staatspflichten, indem er sich mit seiner Geliebten Bianca Cappello an einen stillen, einsamen Ort zurückzog, wo er die Ruhe und Muße finden konnte, die ihm durch die politisch motivierte Heirat mit Johanna von Österreich versagt blieb.

Sicherlich entsprachen die Gemmen, Pietra-dura-Vasen und mediceischen Porzellane mehr seinen Neigungen als die großen Bauten, aber dennoch gebührt gerade ihm das Verdienst, den sehr begabten Architekten Bernardo Buontalenti unterstützt und gefördert zu haben. Dieser war ein wahrer »Hofausstatter«, der nicht nur Entwürfe für Festungen, Villen und Brunnen, sondern auch für Theaterkostüme und -dekorationen und selbst Gebrauchsgegenstände lieferte. Seinem vielgestaltigen, von Wissensdurst beflügelten Talent sind die einfallsreichsten Schöpfungen am Ende des Jahrhunderts zu verdanken.

Auch Ferdinando I de' Medici (1587–1609) setzte, obwohl von ganz anderem Temperament als sein Vorgänger, die Förderung Bernardo Buontalentis fort.

Verbunden mit der Anwesenheit Giambolognas und der Geschicklichkeit seiner Mitarbeiter, von Pietro Tacca bis Francesco Susini, erlebte Florenz einige Jahrzehnte großen Schaffensreichtums und die Invention einer Reihe ungewohnter Formen, in denen das Vorbild der Natur in anderes Material überführt und zu eleganten rhythmischen Erscheinungsbildern gestaltet wurde, die in ganz Europa Begeisterung hervorriefen.

Die lebendig anmutenden Figuren Giambolognas, die fast serienmäßig in der großen, wohlorganisierten Werkstatt des flämischen Künstlers hergestellt wurden, fanden einen Ehrenplatz in allen fürstlichen Kunstsammlungen der Zeit. Die Zahl der Aufträge wurde so groß, daß sie eine Weiterverwendung der Modelle über den Tod ihres Schöpfers hinaus rechtfertigten und so – neben den Abgüssen – eine geeignete Grundlage für die Formensprache der Bildhauer und Maler darstellten, die in der Nachfolge Giambolognas zu Interpreten eines internationalen, höfischen Manierismus wurden.

Santissima Annunziata, Baccio Bandinelli, »Toter Christus und Nikodemus«, Detail
Baccio Bandinelli schuf diese Marmorgruppe für sein eigenes Grabmal und das seiner Frau Giacoma. Das 1554 begonnene Werk war sicherlich rasch vollendet worden, da es im Wettstreit mit Michelangelos heute im Dommuseum befindlicher »Pietà« entstand, die dieser ursprünglich ebenfalls für sein eigenes Grabmal bestimmt hatte. Während Michelangelo sich anschickte, eine mehrfigurige Skulpturengruppe zu schaffen, dachte Bandinelli daran, den Altar, dessen Errichtung ihm die Strozzi in ihrer Familienkapelle zugestanden hatten, durch Einzelfiguren der Heiligen Johannes und Katharina von Siena zu ergänzen. Dieses fein ausgearbeitete Werk Baccio Bandinellis mit fast lebensgroßen Figuren zeigt den Künstler auf dem Gipfel seiner künstlerischen Erfahrung.

San Miniato al Monte
Hoch auf einem Hügel erhebt sich die Kirche, an die sich seitlich der Bischofspalast aus dem 13. Jahrhundert anschließt. Die Kirchenfassade war bereits zu Anfang des Duecento vollendet worden und ist ein Musterbeispiel für die Architektur und den mehrfarbigen Inkrustationsstil der Romanik florentinischer Ausprägung, die als »Florentiner Protorenaissance« bezeichnet wird.

Das Untergeschoß mit seinen sechs Halbsäulen, deren Schäfte aus Trommeln grünen Marmors (»verde di Prato«) gebildet sind, und den sich darüber entwickelnden Arkaden, die ihrerseits von einem Gebälk überfangen werden, mutet wie die flächige Projektion einer Kirchenvorhalle an. Im oberen Stockwerk begegnet man dann bei der mehrfarbigen Marmorverkleidung der Seitenschiffsverdachungen einer Art Gittermuster, das wiederum als Reduktion des römischen »opus reticulatum« bezeichnet werden müßte. Die Gestaltung des oberen Stockwerks wirkt weit weniger einheitlich als der untere Teil der Fassade.

Das zentrale Ädikulafenster, das sehr an die Fenstereinfassung des Baptisteriums erinnert, ragt aus einer Wandschicht hervor, die »opus reticulatum« nachahmt. Anders als im Untergeschoß wird hier das Tektonische ins rein Dekorative umgedeutet. Das Mosaik »Christus als Weltenherrscher zwischen Maria und dem Heiligen Minias«, das die Fassade um eine weitere Schicht »aufbricht«, stammt aus dem 13. Jahrhundert. Wenn auch das darüberliegende Gesims die obere Grenze des zweiten Stockwerks klar definiert, so erscheint auch die abschließende Bekrönung wenig systematisch. Die beiden Atlanten an den Ecken sind zu sehr in die Mitte verschoben und erreichen nur mit Mühe das Niveau, an dem die seitlich anschließenden Arkaden der Bogengalerie ansetzen, die in weißem und grünem – Schatten imitierenden – Marmor ausgeführt sind. Darüber stehen sich – gemäß dem orientalischen Schema des Lebensbaumes – phantastische Tiergestalten gegenüber, die zudem in eine eschatologische Deutung eingebunden sind. Dies wird durch die sechs Leuchter ersichtlich, wobei im zentralen Kreuz die Ergänzung zu den »sieben Leuchtern der Apokalypse« gesehen werden kann.

San Miniato al Monte, Hochchor und Kanzel

Die Darstellung des Christus Pantokrator, der wie an der Fassade von der Muttergottes und dem Heiligen Minias flankiert wird und zudem von den vier Evangelistensymbolen umgeben ist, gilt als herausragendes Beispiel für die Mosaikkunst des späten Duecento. Die Marmorinkrustation darunter stammt – wie Vergleiche mit anderen Bauten der Florentiner Protorenaissance nahelegen – wohl aus der Mitte des 11. Jahrhunderts. Die ebenfalls im Hochchor angebrachte Kanzel ruht an ihrer Vorderseite auf zwei Kompositkapitellen. Ihre Formensprache ähnelt der des Meisters Guglielmo, der als Bildhauer im 12. Jahrhundert in Pisa nachweisbar ist.

San Miniato al Monte, Innenansicht des Hauptschiffs

Gleich einem Teppich breitet sich auf dem Boden des Mittelschiffs die große Rosette mit Marmorinkrustationen aus dem Jahre 1207 aus. Sie zeigt die zwölf Sternkreiszeichen, die auf die Jahreszeiten, die Zeit und das von Gott geschaffene und vorherbestimmte Leben verweisen. Den Greifen in den Zwickeln kommt hier die Funktion von Wächtern zu. Zusammen mit den Tritonen zeigen sie das Ende der Welt an. Weiter vorne, auf dem Weg zum Hochchor sieht man – der Fassade vergleichbar – Paare von Tieren, die das Volk Gottes auf seinem Gang zur Quelle des ewigen Lebens – nämlich Christus Pantokrator im Apsismosaik – versinnbildlichen.

Als Bekrönung von Michelozzos Tempietto aus der Mitte des 15. Jahrhunderts und als Abschluß des Hauptschiffs taucht der bereits von der Fassade her bekannte, auf einem Wollballen thronende Adler wieder auf. Er ist das Wappentier der »Arte della Calimala« (Zunft der Großkaufleute), die die Kirche seit dem Jahre 1288 verwaltete.

San Miniato al Monte, Kapelle des Kardinals von Portugal, Blick auf das Grabmal

Die Kapelle entstand zwischen 1460 und 1468 im Auftrag König Alfons V. von Portugal für dessen Neffen Jakobus von Lusitanien, Kardinalerzbischof von Lissabon, der 1459 in Florenz verstorben war. Die Majolikatondi der Decke mit den vier Kardinaltugenden und dem Heiligen Geist in der Mitte stammen von der Hand Luca della Robbias, die Wandfresken und das Altarblatt (heute durch eine Kopie ersetzt; das Original befindet sich in den Uffizien) von Alesso Baldovinetti und Antonio del Pollaiuolo. Mit der Gestaltung des eigentlichen Grabmonuments wurde Antonio Rossellino betraut, der sich für den Entwurf des Sarkophags auf römische Vorbilder, wie den Sarg Papst Clemens' XII. im Pantheon, bezog. Giuliano und Benedetto da Maiano standen ihm zur Seite und übernahmen einige Elemente des Monuments in San Miniato al Monte in der zwischen 1472 und 1475 geschaffenen Ausstattung der Kapelle der Heiligen Fina im sogenannten Dom von San Gimignano (»Collegiata«). Antonio Manetti, der Architekt der Kapelle, die deutliche Anklänge an Brunelleschi zeigt, arbeitete sicher eng mit Rossellino zusammen. Von letzterem stammt auch der geöffnete, steinerne Vorhang, wie man ihn schon vom Grabmonument Johannes' XXIII. im Baptisterium kannte. Auffällig ist die Freude an farbigen Marmorintarsien und die Wiederholung architektonischer Details, die bereits an anderen Stellen der Kapelle aufgetreten waren. Im Gegensatz zur christlichen Ikonographie des Kapellenraums weist der Sockel des Grabmals heidnische Motive wie die Darstellung eines Mithras-Opfers und geflügelte Genien auf, die wohl von antiken Gemmen entlehnt wurden.

REGIA STIRPS IACOBVS NOMEN LVSITANA PROPAGO
INSIGNIS FORMA SVMMA PVDICITIA

San Miniato al Monte, Kapelle des Kardinals von Portugal, Liegefigur des Verstorbenen, Detail
Dieses Detail soll die Feinheit der Bearbeitung des Marmors und die meisterhafte Ausführung veranschaulichen, die symptomatisch für den prunkvollen Stil der gesamten Anlage sind.

San Miniato al Monte, Kapelle des Kardinals von Portugal, Tondi von Luca della Robbia
Luca della Robbias polychrome Relieftondi mit Darstellungen der vier Kardinaltugenden und des Heiligen Geistes stehen trotz ihres unterschiedlichen Charakters in harmonischem Einklang mit der strengen, an Filippo Brunelleschi orientierten Architektur. Die weißen Majolikarahmen der Tondi komplettieren das architektonische Gerüst der Decke aus »Pietra serena«, während die geflügelten Figuren vor dem für die Werke der della Robbia typischen azurblauen Hintergrund wie luftig in den Okuli aufgehängt erscheinen.

San Miniato al Monte, Sakristei, Spinello Aretino, »Der Heilige Benedikt entdeckt die Täuschung durch den Gotenkönig Totila«, Detail

Diese Szene gehört zu einem 1840 restaurierten Freskenzyklus, der Episoden aus dem Leben des Heiligen Benedikt schildert und kurz nach der Vollendung des kreuzrippengewölbten, quadratischen Raumes im Jahre 1387 von Spinello Aretino geschaffen wurde. Dieser Maler, der zusammen mit seiner großen Werkstatt bereits eine beeindruckende Zahl von Aufträgen ausgeführt hatte – so auch im Palazzo Pubblico in Siena –, zeigt sich in San Miniato noch immer der Tradition der Giotto-Schule verpflichtet. Seine Fresken zeichnen sich durch eine leuchtende, kräftige Farbigkeit und Freude an fremdländisch anmutenden Details aus.

San Miniato al Monte, Michelozzo, Kreuzkapelle

Piero de' Medici hatte das prachtvolle Marmorziborium im Jahre 1448 für das Kruzifix des Heiligen Giovanni Gualberto gestiftet, das heute in Santa Trinità aufbewahrt wird. Es soll den Heiligen davon abgehalten haben, Rache für die Ermordung seines Bruders zu nehmen. Der Tempietto weist eine klare Gliederung auf. Über Kompositsäulen und Pfeilern, deren unterschiedliche Kapitelle vermuten lassen, daß es sich um antike Spolien handelt, spannt sich eine Tonne, die innen und außen farbige Majolikakassetten beziehungsweise -ziegel Luca della Robbias schmücken. Wie an der Fassade findet man auch an der Kreuzkapelle Verweise auf den Stifter. Der Fries zeigt das private Emblem Pieros – drei Straußenfedern mit dem Diamantring –, auf der Rückseite des Ziboriums spielen der Falke im Tondo des Rundgiebels und die Devise »semper« auf die Medici an. Die Wappenkugeln der Familie sind in den seitlichen Voluten des Gewölbeansatzes versteckt und auch das Eisengitter vor dem Ziborium ist aus den Ringen der Medici gebildet. Die Rückwand des Tempietto ist auf der Innenseite mit Tafeln Agnolo Gaddis verkleidet, die um 1395 entstanden.

Museo Bardini, Donatello, »Madonna dei Cordai«
Donatello schuf mit diesem farbig gefaßten und vergoldeten Stuckrelief ein herausragendes Beispiel seiner Experimentierfreudigkeit. Es gelang ihm mit Hilfe vergoldeter, quadratischer Lederstückchen unter Glas einen Goldmosaikgrund nachzuahmen, der leider heute wie das Relief selbst nur noch teilweise erhalten ist, dem Werk insgesamt jedoch immer noch einen schimmernden, flirrenden Glanz verleiht. Die durchscheinende Vorzeichnung auf dem Holzträger verrät, daß es sich hier um ein eigenhändiges Werk des Meisters und nicht um die serienmäßige Arbeit einer Florentiner Werkstatt handelt.

Vorhergehende Seite:
Museo Horne, »Madonna und Kind«
Das polychrome, vergoldete Majolikarelief geht auf einen Entwurf Antonio Rossellinos zurück, von dem mit Hilfe eines Models zahlreiche Abgüsse gewonnen wurden. Neri di Bicci, der als Maler einen guten Ruf hatte und eine große Werkstatt besaß, gab dem Relief dann die farbige Fassung.
Der Wunsch nach privater Andacht war damals der Grund für die Entstehung einer Vielzahl derartiger Marienbilder. Sie waren aus leicht formbarem und daher nicht kostspieligem Material hergestellt und konnten dann – entsprechend den Mitteln des jeweiligen Auftraggebers – durch die farbige Bemalung prunkvoll gestaltet werden. Diese Art der Produktion von Heiligenbildern förderte eine weite Verbreitung der Formensprache der Florentiner Künstler.

Santa Croce, Pazzi-Kapelle, Filippo Brunelleschi, Fassade
Die isoliert neben dem trecentesken Kirchenbau von Santa Croce am Haupt des von Arkaden umgebenen Hofes stehende Kapelle wurde von Filippo Brunelleschi errichtet und zeigt sich dessen Entwurf für die Alte Sakristei in San Lorenzo eng verwandt. 1429 im Auftrag Andrea de' Pazzis begonnen, war der Bau beim Tod des Architekten noch nicht vollendet, weshalb der obere Teil der Fassade wohl auch nicht dessen ursprünglichem Entwurf entspricht. Auf den sechs korinthischen Säulen der Vorhalle ruht ein Gebälk, dessen Fries mit Cherubim Desiderio da Settignanos geschmückt ist. In das darüberliegende Attikageschoß schneidet eine hohe Mittelarkade ein. Dahinter liegt die tonnengewölbte Vorhalle, in deren Mitte eine von außen nicht sichtbare Kuppel aufragt. Über der Fassade kann man dafür den hohen Tambour der großen, den Kapellenraum überfangenden Kuppel erkennen, an die sich eine weitere kleine Kuppel über der Apsis anschließt.

Santa Croce, Hauptchorkapelle
Agnolo Gaddi und seine Werkstatt nahmen um 1380 die malerische Ausstattung der großen Kapelle in Angriff. Der Freskenzyklus schildert

(Fortsetzung von S. 32)
die »Legende des Heiligen Kreuzes« und nimmt damit auf die Benennung der Kirche Bezug. Stilistisch gehören die Darstellungen der traditionellen Trecento-Malerei in der Nachfolge Giottos an. Man vermutet, daß sie Piero della Francescas siebzig Jahre später entstandenen Zyklus gleichen Themas im Chor von San Francesco in Arezzo angeregt haben. Das bemalte Triumphkreuz (»croce dipinta«) wird dem Meister von Figline zugesprochen.

Das Polyptichon enthält ein zentrales Madonnenbild von Niccolò di Pietro Gerini, seitlich die »Vier Kirchenväter« von Giovanni del Biondo (1368) und weitere Elemente, die auf verschiedene Meister des Trecento zurückgehen. Das ganze Altarensemble wurde jedoch erst im vergangenen Jahrhundert so zusammengefügt, wie es sich heute darbietet.

Santa Croce, Baroncelli-Kapelle

Die Freskenausstattung des 14. Jahrhunderts geht auf Taddeo Gaddi zurück, der wohl als der begabteste Florentiner Giotto-Schüler zu gelten hat.

Das nicht mehr mit seinem originalen Rahmen versehene Altarbild ist ein Werk Giottos und seiner Werkstatt; es wird wohl Ende der 1320er Jahre vor der Abreise des Meisters nach Neapel entstanden sein. Das Hauptbild mit der »Marienkrönung« weist eine besonders intensive Farbigkeit auf und die gesamte Tafel scheint aus einer engen Berührung mit der gotischen Kunst zu resultieren.

Die Wandfresken Taddeo Gaddis, die wegen ihrer phantastiereichen, stimmungsvollen Architektur- und Landschaftsdarstellungen Berühmtheit erlangten, entstanden in den Jahren 1332 bis 1337. Sie finden ihre Ergänzung in den Glasfenstern, die ebenfalls auf Entwürfe Gaddis zurückgehen. Rechts des Kapelleneingangs ist das von Giovanni di Balduccio um 1327 geschaffene Grabmonument eines Mitglieds der Familie Baroncelli zu sehen.

Santa Croce, Desiderio da Settignano, Grabmal Carlo Marsuppinis

Desiderio da Settignano, dem Giorgio Vasari wegen der Zartheit seiner Werke höchstes Lob zollte, schuf dieses Humanistengrabmal kurz nach dem Tode Carlo Marsuppinis (1398–1453), der Leonardo Brunis Nachfolger im Amt des Florentiner Staatssekretärs gewesen war. Die zahlreichen klassischen und symbolischen Verweise dieses Monuments stehen in einer gewissen Spannung zur klaren Strenge von Arnolfo di Cambios Kirchenraum.

Anspielungen auf die augusteische Kunst, wie die Löwenfüße des Sarkophags und die Festons am Sockel, mischen sich mit Details, die hadrianischen Bildwerken entlehnt scheinen, wie die Hell-Dunkel-Kontraste der Fruchtgirlanden, die die Engel zu beiden Seiten des Giebelabschlusses der Bekrönung tragen. Der hier vorgeführte Elektrizismus läßt verschiedene Interpretationen zu, so könnte er auch auf die philologischen Kenntnisse Desiderios hindeuten, die zahlreichen anderen Künstlern des Quattrocento zu eigen waren.

Santa Croce, Bardi-Kapelle, Giotto, »Totenfeier für den Heiligen Franziskus«, Detail

Beim Anblick dieser Darstellung muß man der Meinung Cennino Cenninis zustimmen, der in seinem um 1400 entstandenen Malereitraktat als erster über Giotto ein künstlerisches und entwicklungsgeschichtliches Urteil fällte: »... er führte die Malkunst von der griechischen Manier weg und schuf so einen modernen Stil; er besaß eine von keinem anderen erreichte Kunstfertigkeit.«

Der für die reiche Bankiersfamilie Bardi ausgeführte Freskenzyklus mit Szenen aus der Franziskuslegende wurde von der Forschung Giotto zugeschrieben und in die zweite Hälfte des zweiten Jahrzehnts des Trecento datiert. Die Fresken bezeugen die Neigung des Künstlers zur heroischen Darstellung und verkörpern zugleich in der ausdruckvollen, körperlichen Bildung seiner Figuren sein sehr menschliches Anliegen.

Die Fresken wurden um die Mitte des 18. Jahrhunderts mit weißer Farbe übertüncht; im Jahre 1852 legte man sie frei und versah sie mit zum Teil willkürlich erfundenen Ergänzungen, die durch eine moderne Restaurierung wieder beseitigt wurden.

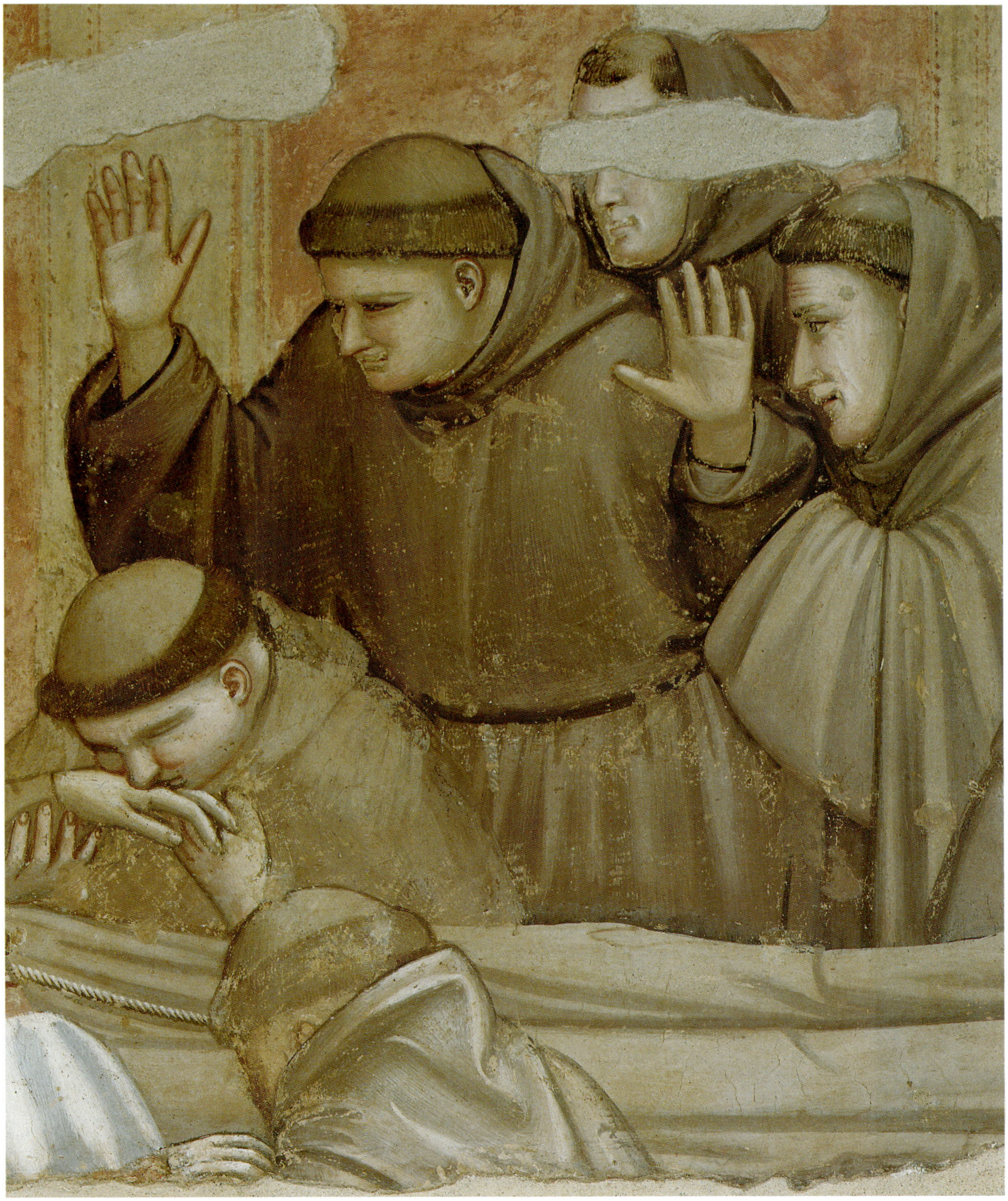

Santa Croce, Benedetto da Maiano, Kanzel

Benedetto da Maianos reich mit Ornamenten und figürlichen Darstellungen geschmückte Kanzelarchitektur entstand in den Jahren 1472 bis 1476. Der Künstler verzichtete auf Kanzelfuß und optisch störenden Aufgang; die Kanzel entfaltet sich frei an dem Langhauspfeiler, der in seinem Inneren die Treppe birgt. Hervorzuheben sind die Tugenddarstellungen in den Nischen aus rotem Marmor über dem Kanzelfuß und die Kanzelbrüstung mit Szenen aus der Franziskuslegende (hier »Feuerprobe vor dem Sultan« und »Stigmatisation«).

Im Hintergrund das romantische Monument für Dante Alighieri von Stefano Ricci (1829).

Vorhergehende Seiten:
Santa Croce, Innenansicht
Die im letzten Jahrzehnt des Duecento errichtete Franziskanerkirche – ein Vorgängerbau, der bereits kurz nach dem Tode des Heiligen Franziskus im Jahre 1226 erbaut worden war, hatte sich jedoch bald als zu klein erwiesen – wurde erst im Jahre 1443 von Papst Eugen IV. geweiht. Der Entwurf wird aufgrund der Ähnlichkeiten zur Architektur des Florentiner Doms Arnolfo di Cambio zugeschrieben. Ihr Inneres birgt zahlreiche Grabmäler und Kenotaphe bedeutender italienischer Künstler, Wissenschaftler und Staatsmänner, wie Dante, Carlo Marsuppini, Leonardo Bruni, Niccolò Machiavelli, Michelangelo, Galileo Galilei oder Vittorio Alfieri.

ALTISSIMO POETA
DANTI·ALIGHERIO
TVSCI
HONORARIVM·TVMVLVM
A·MAIORIBVS·TER·FRVSTRA·DECRETVM
ANNO·M·DCCC·XXIX·
FELICITER·EXCITARVNT·
NEL VII CENTENARIO DELLA
NASCITA
L'ASSOCIAZIONE NAZIONALE
DEI COMUNI ITALIANI

Uffizien, Agnolo Bronzino, Bildnis der Eleonora von Toledo und ihres Sohnes Giovanni

Bronzino schuf dieses Doppelbildnis der Gemahlin Cosimos I. und seines Sohnes Giovanni de' Medici um die Mitte der vierziger Jahre des Cinquecento. Zu diesem Zeitpunkt konnte er sich bereits der hohen Wertschätzung des Fürsten erfreuen. Er entwickelte eine Art offiziellen Porträtstils, der kalt und steif anmuten mag, jedoch in seinem diamantenen Glanz der Formen auch die unerschütterliche Sicherheit einer Gesellschaft und einer Kunst zum Ausdruck brachte, die sich bewußt waren, den Gipfel einer höchst verfeinerten kulturellen Entwicklung erreicht zu haben.

Uffizien, Sandro Botticelli, »Madonna del Magnificat«, Detail

Sandro Botticelli schuf den fröhlich anmutenden Tondo der von fünf Engeln umgebenen Muttergottes mit Kind um 1482, also etwa gleichzeitig mit seinen berühmten mythologischen Darstellungen. Typisch für seine Arbeiten jener Jahre ist die Vorliebe für einen zeichnerischen Stil, der Reichtum an fein abgestuften Farbtönen sowie die üppige Verwendung von kostbaren Farben und Gold für die Schilderung des Himmlischen, die der in den fast schon theaterhaften Aufführungen an Feiertagen in den Florentiner Kirchen weiterlebenden mittelalterlichen Tradition folgt. Die Bezeichnung der Tafel als »Madonna del Magnificat« rührt vom Anfangswort des Kodex her, den die Muttergottes im Bild soeben verfaßt, während sie dem Kind den Granatapfel als Sinnbild der Ecclesia und der Erlösung reicht und zwei Engel eine Krone über ihr Haupt halten.

Magnificat aia
mea

Uffizien, Leonardo da Vinci, »Verkündigung«

Dieses berühmte Gemälde Leonardos zeigt den Maler noch am Beginn seiner künstlerischen Laufbahn, als er noch eng dem Einfluß der Werkstatt seines Meisters Andrea del Verrocchio verhaftet war, von dem er sehr viel mehr als nur die Grundlagen der Kunst erlernt hatte. Das Gemälde entstand etwa gleichzeitig mit Verrocchios heute ebenfalls in den Uffizien aufbewahrter »Taufe Christi«, an der Leonardo wohl beteiligt war, in der Mitte der 70er Jahre des Quattrocento. Leonardo suchte in der »Verkündigung« auf verschiedene Arten die Raumverhältnisse der Darstellung aufzuzeigen. Mit dem Bauwerk, das hinter Maria die Szene am rechten Bildrand abschließt, liefert er dem Betrachter die notwendigen Koordinaten, um das Bild räumlich abzumessen. Filippo Brunelleschis Perspektivlehre wird hier deutlich spürbar. Auf der linken Seite hingegen öffnete sich die Komposition in einen Garten. Die geometrisch zugeschnittenen Bäume zwischen denen in gleichmäßigen Abständen Zypressen aufragen, die den Engel hinterfangen und ihn zugleich einschließen, reichen nicht aus, um die umgebende Natur räumlich zu definieren, und die Landschaft verliert sich im Dunst. Die in »sfumato« wiedergegebenen farblichen Veränderungen der Formen im Hintergrund verweisen auf ein gründliches Studium der durch die Luftperspektive bedingten Verzerrungen von Gegenständen. Ihre Anwendung wird den Maler während seiner gesamten Schaffenszeit begleiten.

Uffizien, Sandro Botticelli, »Geburt der Venus«

Die Darstellung des weiblichen Akts gehörte zu den schwierigsten Aufgaben der Renaissance. Hinsichtlich der Proportionen und Bewegungen des menschlichen Körpers orientierte man sich an den wiederentdeckten Beispielen der antiken Bildhauerkunst. Die Liebesgöttin in Sandro Botticellis Gemälde verdankt einen Großteil ihrer Anmut dem Rückgriff auf klassische Vorbilder, während die Betonung der Linie, mit deren Hilfe der Maler der Darstellung Plastizität verlieh, bezeichnend für die Kunst des Quattrocento ist. Die Figur rechts im Bild, die laut Ovids Beschreibung der Geburt der Venus aus dem Schaum des Meeres eine Hore ist, reicht der Göttin ein Gewand. In ihr wird bisweilen ein Bildnis Simonetta Vespuccis vermutet, der Geliebten Giuliano de' Medicis, der im Jahre 1478 der Pazzi-Verschwörung zum Opfer fiel. Auch wenn sich eine derartige Identifizierung letztlich nicht eindeutig belegen läßt, so zeigt sich doch die Absicht des Künstlers, ein Porträt zu schaffen, in der Tatsache, daß er ihr Antlitz in vollkommenem Profil wiedergab, so als wäre es von einer Medaille kopiert. Man vermutet, daß Botticelli das Gemälde um 1482 im Auftrag eines Mitglieds der Nebenlinie der Medici, Lorenzo di Pierfrancesco de' Medici, ausführte. Die »Geburt der Venus« kann zusammen mit der »Allegorie des Frühlings« und »Pallas Athene und der Kentaur«, die alle in der Medici-Villa in Castello hingen, hinsichtlich der Sujets und aus formalen Gründen als Trilogie betrachtet werden.

Uffizien, Raffael, »Madonna del Cardellino« (»Madonna mit dem Zeisig«)

1506 schuf der damals bereits dreiunddreißigjährige Raffael diese Tafel anläßlich der Hochzeit Lorenzo di Nasis mit Sandra di Matteo Canigiani. Sie erlitt zahlreiche Beschädigungen – unter anderem beim Einsturz des Palastes, in dem sie aufbewahrt wurde, im Jahre 1547 – und wurde während der vergangenen Jahrhunderte mehrfach restauriert.

Das Gemälde zeigt jene für Raffael in diesen Jahren typische Komposition und Formensprache. Die dreieckige, pyramidale Anordnung der Figuren erinnert an Leonardos Werke, während die noch kaum von Nebel verhüllte Landschaft im Hintergrund mit den vereinzelt aufragenden, zarten Bäumen noch auf Perugino verweist. Hier wird die Unterweisung des Malers durch Fra Bartolomeo offenkundig, einen selbst weniger bekannten Künstler, der ihn jedoch lehrte, Gegensätze zu vereinen, und dessen reformatorisch bedingter, sehr schlichter, didaktischer Erzählstil für die Entwicklung seines Schülers prägend wurde. Dies müßte bei Überlegungen zu Raffaels Religiosität noch stärker berücksichtigt werden.

Uffizien, Andrea del Verrocchio, »Taufe Christi«, Detail

Diese berühmte, von Andrea del Verrocchio begonnene Tafel, die ursprünglich für die Kirche San Salvi bestimmt war, wurde um 1470 unter Mithilfe der begabtesten Schüler des Meisters vollendet. An den hier abgebildeten Köpfen der beiden seitlich knienden Engel erkennt man die Hand Leonardo da Vincis und Lorenzo di Credis, wobei letzterem unter Vorbehalt die rechte Gestalt zugeschrieben wird. Trotz des gemeinsamen künstlerischen Hintergrundes beider Maler offenbart sich hier in Ansätzen bereits das für Leonardo bezeichnende ausgeprägte Interesse an der Wiedergabe von Transparenz und der Brechung von Licht, so in dem weichgelockten Haar des linken Engels und in dem kostbaren Dekor opalisierender Bergkristalle auf dem Schulterriemen.

Piazza della Signoria, Palazzo Vecchio

Der Stadtpalast, der sich dem Betrachter als riesiger Kubus präsentiert, wurde als Amtssitz der höchsten Beamten der Republik (»priori delle arti« oder »signori«) ab 1299 nach dem Entwurf Arnolfo di Cambios erbaut. Die Wahl fiel auf diesen Standort nahe dem Arno, da hier bereits während einer Strafaktion die Häuser der aus Florenz verbannten Familien Uberti niedergerissen worden waren und man somit über einen repräsentativen Freiraum verfügte. Durch zusätzlichen Ankauf der Gebäude der Familie Foraboschi war dann die Grundlage für das Bauvorhaben gelegt; hierbei wurde geschickt der Stumpf eines ehemaligen Wohnturms – des »Torre della Vacca« – als Substruktion des neuen Rathausturms verwendet.
Der Palazzo Vecchio erlebte mehrere Erweiterungen, unter anderem unter dem Herzog von Athen (1343), Girolamo Savonarola (1494) und der Regierung der Medici im 16. Jahrhundert.

Das gewaltige Bauwerk besitzt einen geschlossenen, beinahe festungsartigen Charakter, der nur durch die marmornen Biforienfenster aufgelockert wird. Entscheidend für diese Wirkung ist der das Gebäude abschließende Wehrgang mit Zinnenkranz, der genügend Platz für Armbrustschützen bot, auf von Bogen überfangenen Konsolen ruht und deutlich über die unteren Stockwerke vorkragt.

Ohne daß sich eine Vorbereitung an der Fassade des Palazzo Vecchio erkennen ließe, ragt der Turm empor; zunächst noch im abschließenden Wehrgeschoß des Palastes verborgen, vollzieht er dessen Vorkragen mit, um sich dann nach oben zu schieben. Die Berechnungen einiger Forscher ergaben, daß sein Lot die Fassade des Palastes im goldenen Schnitt teilt. Dies könnte für die harmonische Wirkung des gesamten Palastensembles verantwortlich sein, da die Ästhetik von Bauwerken stets musikalischen und nicht rationalen, mathematischen Gesetzen verpflichtet sein sollte. Auch die Proportionen des gekappten Turmes des Vorgängerbaus könnten auf solche Überlegungen zurückzuführen sein.

Palazzo Vecchio, Saal der Fünfhundert, Michelangelo, »Genius des Sieges«

Die Allegorie des Sieges entstand wohl in den zwanziger

(Fortsetzung von S. 51)
oder dreißiger Jahren des Cinquecento in Verbindung mit dem Grabmal Papst Julius' II. aus der römischen Familie der della Rovere. 1565 – dreißig Jahre nach ihrer Entstehung – gelangte sie in den »Saal der Fünfhundert« im Palazzo Vecchio, wo sie heute immer noch zu sehen ist. Die Skulptur ist nicht nur von grundlegender Bedeutung für Michelangelos künstlerische Entwicklung, sondern diente auch den nachfolgenden Bildhauergenerationen als Vorbild für die Komposition vielfiguriger Gruppen. Ihr Einfluß wirkte von Baccio Bandinelli bis Vincenzo Danti, von Pierino da Vinci bis Giambologna. Letzterer hatte für denselben »Saal der Fünfhundert« die allegorische Gruppe »Florenz unterwirft Pisa« geschaffen, der die gleiche in sich gedrehte Komposition zugrunde liegt und für die ein erstes Modell eben aus dem Jahre 1565 dokumentiert ist.

Palazzo Vecchio, Audienzsaal, Francesco Salviati, »Triumph des Camillus«
Im Auftrag Cosimo I de' Medicis freskierte Francesco Salviati wohl zwischen 1543 und 1545 den Raum. Der in der Nordwestecke des zweiten Obergeschosses gelegene Saal wurde seit 1470 mehrfach neu strukturiert. Seine Portalrahmungen stammen von den Brüdern Benedetto und Giuliano da Maiano und Baccio d'Agnolo, die Kassettendecke von Battista del Tasso. Die Wandfresken zeigen Taten des römischen Feldherrn Furius Camillus sowie allegorische Figuren. Nach Meinung der Forschung hat man hierin Andeutungen auf den Werdegang Cosimos I. zu sehen: die Stationen auf dem Weg zur Macht und die ersten denkwürdigen Ereignisse unter seiner Regierung. Für die untere Wandzone war eine Verkleidung mit Wandteppichen vorgesehen. Francesco Ubertini, genannt Bachiacca, lieferte die Entwürfe, die von den Knüpfern Jan Rost und

Palazzo Vecchio, »Saal der Fünfhundert«, Blick in Richtung des sogenannten »Audienzpodiums«

Der Versammlungsraum des fünfhundert Mitglieder zählenden Großen Rates wurde ab 1495 auf Befehl Girolamo Savonarolas angelegt. Nachdem Cosimo I. im Jahre 1540 seine Wohnräume im Palazzo Vecchio bezogen hatte, beauftragte er den Bildhauer Baccio Bandinelli und den Architekten Giuliano di Baccio d'Agnolo mit der Errichtung und Ausstattung eines Audienzpodiums im nördlichen Abschnitt des Raumes. Bandinelli schuf die Bildnisstatuen Cosimos I., seines Vaters Giovanni dalle Bande Nere sowie Alessandro I de' Medicis. Das Porträt Leos X. und die Marmorgruppe »Clemens III. krönt Karl V. zum Kaiser« entstanden unter Mitarbeit Vincenzo de' Rossis beziehungsweise Giovanni Caccinis. Letzterer schuf später auch das Bildnis von Großherzog Francesco I. Giorgio Vasari war mit der malerischen Ausstattung der Decke und der nördlichen Wand betraut worden, für die er anläßlich der Hochzeit von Cosimos ältestem Sohn Francesco mit Johanna von Österreich die Stuckimpresen entwarf. Anschließend begann Vasari mit der Bemalung der restlichen Wände, die heute anstelle der im 16. Jahrhundert geschaffenen Tapisserien die Wandfelder zieren. Von Vincenzo Rossi stammen die Skulpturengruppen der Taten des Herkules. Auch Michelangelos »Sieger« ist heute hier aufgestellt.

Nicolas Karcher bis 1553 umgesetzt wurden. Ferner gab es eine Art Gestühl mit einem Baldachin, unter dem Herzog Cosimo I de' Medici thronend Audienz gewährte.

Palazzo Vecchio, »Sala delle carte geografiche« (Saal der Landkarten), Detail

Hier befand sich der erste Ankleideraum Cosimo I de' Medicis. In den von Dionigi Nigetti geschaffenen Schrankarchitekturen wurden Gegenstände von hohem materiellen oder symbolischen Wert aufbewahrt. Die Hofkartographen Egnazio Danti (1563–1575) und Stefano Bonsignori (1575–1584) schmückten die Möbelpaneele mit Karten der zu diesem Zeitpunkt bekannten Länder der Erde, wobei weniger gut erforschte Gegenden nur angedeutet sind. Zusammen mit Dantis' Globus in der Mitte des Saales bieten diese Darstellungen ein recht genaues Bild vom damaligen Stand der geographischen Erkenntnisse. Aufschlußreich ist auch die Beobachtung, daß der Herzog die Ausstattung seiner privaten Gemächer wissenschaftlichen Themen widmete.

Vor den hier ausgestellten Kartenwerken konnte Cosimo I. seine Sammlungsobjekte ihrer Herkunft nach ordnen und sich dabei ein allgemeines Bild von den Sitten und Gebräuchen anderer Länder machen.

Palazzo Vecchio, »Porträt Alessandro I de' Medicis in Rüstung«

Dieses Bildnis zeigt den von Kaiser Karl V. eingesetzten, verhaßten ersten Herzog von Florenz, der die Macht weniger durch Autorität als vielmehr mit Hilfe despotischer Gewalt in Händen hielt. Das Gemälde gehörte ursprünglich in die Sammlung Stibbert und wird hier erstmals publiziert.

Alessandro I de' Medici ist als »Condottiere« (Heerführer) dargestellt. Seine Reiterrüstung ist wohl eine Arbeit des in Innsbruck lebenden österreichischen Harnischmachers Jörg Seusenhofer und stammt aus den Jahren 1535/36. Das Porträt unterscheidet sich auffällig von Giorgio Vasaris allegorischem Bildnis des Herzogs in Rüstung, das heute in den Uffizien aufbewahrt wird. Vielleicht handelt es sich bei dem Gemälde der Sammlung Stibbert um das posthume Porträt des ersten Herzogs von Florenz, das Girolamo Macchietti 1585 für die sogenannte »seria aulica« geschaffen hatte.

Vorhergehende Seiten:
Piazza della Signoria, Bartolomeo Ammanati, »Neptun-Brunnen«, Detail
Das Viergespann, die Quadriga der Seepferde, zwei aus weißem Marmor und zwei aus rotem Stein, bildet eine der effektvollsten Partien der Brunnenanlage. An den Rädern des Neptunwagens sind die Tierkreiszeichen angebracht; die restliche Dekoration bezieht sich auf das Element des Wassers.

Piazza della Signoria, Bartolomeo Ammanati, »Neptun-Brunnen«
Um dieser Brunnenanlage vollständig gerecht zu werden, muß man sich vielmehr vergegenwärtigen, daß die damals verwendeten Materialien – Bronze, farbiger Stein und Marmor – nicht nur äußerst kostspielig und schwer zu bearbeiten waren, sondern hier auch zu einem harmonischen Ganzen verschmolzen wurden. Anlaß für die Errichtung des Brunnens war die Hochzeit Francesco de' Medicis mit Johanna von Österreich. Cosimo I. ließ zu diesem Zweck einen Wettbewerb ausschreiben, an dem auch der greise Cellini teilnahm. Der Auftrag erging schließlich an Bartolomeo Ammanati, der auch die mächtige Skulptur des »Neptun« schuf, die die Florentiner bald spöttisch »Il Biancone« (der große Weiße) tauften. Die Arbeiten, die Ammanati zusammen mit seiner Werkstatt ausführte, gelangten 1575 zum Abschluß.

Der Brunnen mit dem Meeresgott in Herrscherpose will aber nicht nur als bloßes Kunstwerk verstanden sein, sondern birgt auch eine politische Aussage. In ihm offenbaren sich die Ambitionen der Medici, die Rolle eines Herrschers und Beschützers der Meere zu übernehmen. Die diesbezügliche großherzogliche Politik läßt sich an verschiedenen Projekten ablesen: dem Ausbau des Hafens von Livorno, der Gründung von Cosmopoli, dem heutigen Portoferraio, auf Elba und der Aufrüstung der Kriegsflotte, die unter der Flagge des von Cosimo I de' Medici gegründeten Ritterordens des Heiligen Stephanus von Pisa segelte.

Piazza della Signoria, Bartolomeo Ammanati, »Neptun-Brunnen«, Detail
Die beiden knienden, in Muschelhörner blasenden Tritonen, die sich um die Beine Neptuns ranken, gehörten zu den bereits bei der Ausschreibung des Wettbewerbs ausdrücklich geforderten Figuren. Von der Hand Giambolognas, der – noch am Beginn seiner Karriere stehend – ebenfalls am Wettbewerb teilgenommen hatte, existieren ähnliche Figuren kleineren Maßstabs in Bronze. Diese uns heute bekannten Meeresfiguren, die stilistisch wohl aus derselben Zeit stammen, könnten also durchaus im Zusammenhang mit dem Neptun-Brunnen gestanden haben.

Piazza della Signoria, Baccio Bandinelli, »Herkules tötet Cacus«

Im Jahre 1525 betraute Papst Clemens VII. Baccio Bandinelli, einen der begabtesten Bildhauer der Medici im 16. Jahrhundert, mit Entwurf und Ausführung dieser monumentalen Marmorgruppe. Er hatte sich somit dagegen ausgesprochen, Michelangelo den Auftrag zu übertragen.

Piazza della Signoria

Die kolossalen Marmorstatuen vor dem Palazzo Vecchio (von links nach rechts): Bartolomeo Ammanatis »Neptun« (1565–1575), Michelangelos »David« (1501–1504; Kopie) und Baccio Bandinellis »Herkules tötet Cacus« (1533–1534).

Folgende Seiten:

Piazza della Signoria, Loggia die Lanzi, Benvenuto Cellini, »Perseus«

Die Bronzefigur des »Perseus«, der mit seiner Linken das abgeschlagene Medusenhaupt vorweist, gilt als Hauptwerk des Florentiner Goldschmieds und Bildhauers Benvenuto Cellini. Der Künstler erhielt den Auftrag von Cosimo I., nachdem er diesem zuvor Modelle in Wachs und Bronze präsentiert hatte. Cellini beschreibt in seinen »Lebenserinnerungen« minutiös den Schaffensprozeß und die Schwierigkeiten, das Modell beim Guß in eine monumentale Figur zu übertragen. Während das Bronzemodell des »Perseus« offensichtlich als Brunnen – wohl bei Tisch – Verwendung fand, verhinderte der am Standbein unvollkommene Guß der monumentalen Gestalt eine entsprechende Verwendung im großen Maßstab. Dennoch erntete die 1554 aufgestellte Bronze unermeßliches Lob.

Piazza della Signoria, Giambologna, Reiterdenkmal Cosimo I de' Medicis

Ferdinando I., dritter Großherzog der Toskana, ließ das Reiterdenkmal zum Andenken an seinen Vater Cosimo errichten und betraute Giambologna mit der Ausführung. Im Jahre 1594 war es vollendet. Das als Verherrlichung der machtvollen Stellung der Familie, die die Geschicke der Toskana seit Generationen lenkte, konzipierte Werk bildete den Prototyp einer langen Serie von Reitermonumenten, die Florentiner Bildhauer in den kommenden Jahrzehnten auch für ausländische Auftraggeber ausführen sollten.

BENVENVTVS

Bargello, Innenhof

Im Jahre 1255 – also etwa gleichzeitig mit den großen Kirchenprojekten der Franziskaner und Dominikaner, Santa Croce und Santa Maria Novella – wurde der als Sitz des »Capitano del Popolo« vorgesehene Palast begonnen. Zuerst entstand der zur Via del Proconsolo orientierte Komplex, wobei man einen bereits existierenden Wohnturm miteinbezog. Ab dem zweiten Jahrzehnt des Trecento wurde unter der Leitung des Tone di Giovanni eine erste Erweiterung vorgenommen. Das heutige Erscheinungsbild des Hofes geht auf Eingriffe während der Regierungszeit Gualtier de Briennes, des Herzogs von Athen, zurück. Zwischen 1345 und 1367 folgte dann die von Neri di Fioravante und Benci di Cione geschaffene Freitreppe, die – hier rechts im Bild – zum Hauptstockwerk hinaufführt. Seit 1865 ist der Bargello Sitz des Nationalmuseums.

Folgende Seiten:
Bargello, Donatello, »David«, Detail

Im Jahre 1469 war die Bronzeplastik vermutlich aus Anlaß der Hochzeit von Lorenzo Il Magnifico mit Clarice Orsini auf einer hohen Säule mitten im Hof des Palazzo Medici aufgestellt worden. Diese Plazierung zeichnete die Skulptur besonders aus, da sie so von allen zwölf Fenstern des Hauptgeschosses betrachtet werden konnte. Aus technischen Gründen sicherlich nach dem Paduaner Aufenthalt Donatellos (1443–1453) entstanden, ist das Erscheinungsbild der Figur recht ungewöhnlich. David war im Quattrocento stets unbewaffnet und bekleidet gezeigt worden. Erst in der 2. Hälfte des 15. Jahrhunderts begann die klassische heroische Nacktheit darstellungswürdig zu werden, jedoch hauptsächlich in Kunstwerken mit mythologischen, aber nicht mit historischen und christlichen Inhalten.

Bargello, Benvenuto Cellini, »Danae«

Die »Danae« ist eine der vier Figuren (Jupiter, Merkur, Minerva), die ursprünglich den Sockel von Cellinis »Perseus« schmückten.

Bargello, Andrea del Verrocchio, »David«

Für Andrea del Verrocchios vermutlich um 1470 für die Medici geschaffenen »David« muß zum Teil wiederholt werden, was bereits zu Donatellos gleichnamiger Figur aus den 1440er Jahren gesagt wurde (S. 66). Der knabenhafte Held trägt einen enganliegenden Lederpanzer, dessen Bordüren pseudokufische Schriftzeichen zeigen, wie wir sie von den biblischen Figuren Lorenzo Ghibertis kennen. Das Schwert, das eine Zutat des 16. Jahrhunderts ist und dessen Klinge – beobachtet man die Anspannung der Muskeln und Nerven des rechten Armes – größer sein müßte, erzeugt ein gewisses Mißverhältnis der Figur im Raum, rechtfertigt aber auch das Hervorragen des linken Ellbogens und die Wendung des Körpers auf die Seite des Spielbeins. Im Jahre 1476 gelangte die Bronzefigur für 150 Florin in den Besitz der Florentiner Regierung, worauf sie anläßlich der Montierung auf einem heute noch erhaltenen Porphyrsockel an ihrer Basis mit den Wappen der Stadt ausgestattet wurde. Sowohl der Bart Goliaths, der starr in die Luft ragt und nicht weich über den Rand des Steinsockels fällt, als auch die Tatsache, daß die Kante der Bronzeplatte, auf dem der Knabe steht, noch sichtbar ist, weist darauf hin, daß die heutige Montur nicht der ursprünglichen Aufstellung der Figur entspricht.

Bargello, Andrea della Robbia, »Madonna degli Architetti« (**»Madonna der Architekten«**)

Die »Madonna degli Architetti« gilt als das früheste dokumentierte Werk Andrea della Robbias. Es wurde Mitte der 1460er Jahre für den Sitz der Zunft der Steinmetzen und Holzschnitzer ausgeführt, deren Werkzeuge Luca am Sockel des Tabernakels darstellte. Die reine, klare Form der Mittelfiguren zeigt einen ruhigen, häuslichen Charakter der Verehrung, während die sehr dekorative Wirkung des Tabernakels mit seinen üppigen, plastischen Rosensträußen in Vasen den Geschmack der Zeit widerspiegelt.

Diese Art der sakralen Darstellung hatte großen Erfolg und in Andrea della Robbias Werkstatt entstanden zahllose Varianten, die entweder auf Model zurückgingen, die in einigen Partien abgeändert wurden, oder aus verschiedenen, teils neu erfundenen Einzelelementen zusammengesetzt wurden.

Or San Michele, Tabernakel des Andrea Orcagna mit Bernardo Daddis »Maestà«

Entwurf und Ausführung des 1355 bis 1359 entstandenen Tabernakels, das mit Reliefszenen aus dem Marienleben geschmückt ist, stammen von Andrea Orcagna. Es birgt die 1347 von Bernardo Daddi geschaffene »Maestà«, die das wundertätige, vom Feuer zerstörte Madonnenbild ersetzen sollte, das zur Gründung der Kirche geführt hatte. Gleich einer monumentalen Goldschmiedearbeit mit farbigen Stein- und Glaseinlagen, die die Emailarbeiten eines Reliquiars nachahmen sollten, ist dieses Tabernakel ein prunkvoller Höhepunkt der sakralen Kunst von Florenz.

Or San Michele, Tabernakel des Andrea Orcagna

Auf der Rückseite des Tabernakels führte Andrea Orcagna ein großformatiges Relief mit den Themen »Marientod« und »Mariae Himmelfahrt« aus. Eine goldene Fassung und die mehrfarbigen Mosaiksteinchen unterstreichen die reiche Erscheinung des Ganzen.

+ ANDREAS CIONIS PICTOR FLORETIN' ORATORII ARCHIMAGISTER EXTITIT HUI' MCCCLIX

Baptisterium, Süd-Ost-Seite

Nach traditioneller Meinung befand sich ehedem auf dem Areal, über dem sich heute die Taufkirche erhebt, in römischer Zeit ein Marstempel. Bereits jener Bau soll einen achteckigen Grundriß besessen haben, von dem uns Giorgio Vasari in einer Vedute im »Saal der Fünfhundert« im Palazzo Vecchio eine phantasiereiche Rekonstruktion überliefert hat, die – wie andere ähnliche, vor allem im Zeitalter der Renaissance geförderte Projekte – darauf zielte, für die römischen Ursprünge und die ruhmvolle Geschichte der Stadt ein anschauliches Beispiel zu geben.

Es stellt sich nun die Frage, wann das Gebäude, das wir heute kennen, wohl in etwa entstanden sein mag. Einige Forscher wollen in den Eckverstärkungen, den Ädikulafenstern mit Segmentbogen- und Dreiecksgiebelabschlüssen und auch in der räumlichen Definierung der einzelnen Geschosse spätantike Einflüsse erkennen. Anderen erscheint die Masse des Baukörpers ohne Frage romanisch, und in der Tat finden sich in Florenz gerade im Hinblick auf die Marmorverkleidung mehrere Vergleichsbeispiele. Es gilt als sicher, daß »Bel San Giovanni«, wie das Baptisterium im Volksmund genannt wird, 1059 geweiht wurde und auch die Funktion einer Domkirche zu erfüllen hatte, während der benachbarte Komplex von Santa Reparata, der Vorgänger des heutigen Doms, seinerseits einen Neubau erfuhr. Es ist möglich, daß gerade aus dieser Zeit die »scarsella« (Pilgertasche) genannte Apsis stammt. Dieser über rechtwinkligem Grundriß errichtete und mit einer eigenen Wölbung versehene Anbau an der Westflanke des Baptisteriums fällt besonders auf, da er die Einheitlichkeit des architektonischen Gefüges und der Wandverkleidung durchbricht. In diesen Abbildungen erkennt man als Bekrönung des Südportals die plastische Gruppe der »Enthauptung Johannes des Täufers«, die 1571 von dem aus Perugia stammenden Vincenzo Danti geschaffen worden war. Darunter die Bronzetür mit weiteren Darstellungen aus dem Leben des Titelheiligen. Die Modelle für den Guß der einzelnen Bildfelder hatte Andrea Pisano geliefert; die Arbeiten waren 1330 abgeschlossen.

Dom, Campanile Giottos

Der im Jahre 1296 begonnene Bau des Doms geht auf einen Entwurf Arnolfo di Cambios zurück, während die Fassade ein Werk des 19. Jahrhunderts ist und zwischen 1871 und 1887 von Emilio De Fabris errichtet wurde. Giotto, der 1334 die Leitung der »Opera del Duomo« (Dombauhütte) übernahm, setzte die Arbeiten am Dom nicht fort, sondern begann mit der Errichtung des Campanile. Nach seinem Tode im Jahre 1337 fügte Andrea Pisano das zweite Geschoß des Turmes hinzu. Francesco Talenti und Giovanni di Lapo Ghini, die auf

(Fortsetzung von S. 72)
Andrea Pisano folgten, erweiterten die Pläne für den Dom und führten den Bau des Campanile fort. Die drei oberen, unter ihrer Leitung geschaffenen Geschosse unterscheiden sich in ihrer zarteren, schlankeren und schmuckreicheren Form deutlich von der Strenge und Schwere der beiden ersten Stockwerke. Die typische gotische Dreifarbigkeit des Marmors und die an Goldschmiedearbeiten erinnernde Freude an Wiederholungen von dekorativen Einlegearbeiten gliedern und rhythmisieren den Baukörper, schaffen Harmonien und Spannungen zwischen den einzelnen Teilen.

Baptisterium, Andrea Pisano, Südportal
Im Jahre 1330 lieferte Andrea Pisano die holzgeschnitzten Entwürfe für diese erste Baptisteriumstüre, nachdem man zuvor vergeblich versucht hatte, den Sieneser Bildhauer Tino di Camaino für den Auftrag zu gewinnen. Das Bronzeportal wurde in vielen Einzelteilen von dem venezianischen Meister Leonardo d'Avanzo gegossen und bildete hinsichtlich der Anzahl der Felder und ihrer Vierpaßrahmungen das Vorbild für Lorenzo Ghibertis siebzig Jahre später begonnene, zweite Baptisteriumstür.
Die achtundzwanzig Reliefs Andrea Pisanos zeigen Szenen aus dem Leben Johannes des Täufers sowie Verkörperungen der christlichen (Spes, Fides, Caritas) und Kardinaltugenden (Fortitudo, Temperantia, Iustitia, Prudentia) einschließlich der Demut (Humilitas). Die prachtvolle Rahmung der Türe mit pflanzlichen und vegetabilen Motiven wurde später Lorenzo Ghiberti übertragen, und wohl von dessen Sohn Vittorio zwischen 1453 und 1461 ausgeführt.

Dom, Campanile Giottos, Detail der unteren Zone des Sockelgeschosses, Südseite
Hier sind vier der durch sechseckige Rahmungen eingefaßten Reliefs gezeigt, die Andrea Pisano mit seiner Werkstatt um die Mitte der 1340er Jahre ausführte. (Die Originale wurden aus konservatorischen Gründen entfernt; sie befinden sich heute im Dommuseum.)
Die Reliefs illustrieren folgende Tätigkeitsbereiche (von links nach rechts): Astronomie, Baukunst, Medizin und Jagd.

Baptisterium, Innenansicht mit Blick nach Westen

Diese Ansicht vermittelt besonders deutlich eine Vorstellung von der Klarheit und Folgerichtigkeit der architektonischen Struktur des Baptisteriums. In der unteren Zone teilen Säulen aus orientalischem Granit – Spolien antiker Bauten – jede Seite des achteckigen Raumes in drei Traveen; je zwei kannelierte Pilaster bezeichnen die Ecken. Ein umlaufendes gerades Gebälk bildet den Abschluß. In der oberen Zone findet man, über den Ordnungen des unteren Geschoßes, nunmehr kannelierte, pseudokorinthische Pilaster, zwischen denen sich Biforien öffnen. Antiken Bauten vergleichbar sind zwischen den Kapitellen und den Ansätzen der Biforienbogen geschmückte Kämpferaufsätze eingefügt. Das Gebälk über dem oberen Geschoß setzt sich aus einem dreiteiligen Architrav, einem mit Einlegearbeiten geschmückten Fries und einem Gesims zusammen, dessen Form an das Gebälk über dem unteren Geschoß erinnert. Darüber erhebt sich der Tambour, dessen quadratische Marmorfelder abwechselnd Darstellungen von Bischofsheiligen tragen oder leer sind. Auf ihm ruht die monumentale, mosaizierte Kuppel.

Die Regelmäßigkeit der klassischen Architekturordnungen wird am Triumphbogen vor dem Eingang zur Apsis unterbrochen. Hier wachsen vier unvollständige Pfeiler scheinbar aus dem Nichts empor und werden willkürlich in ihrem oberen Bereich gekappt.

Die Anlage des Baptisteriums läßt sich hinsichtlich ihres Grund- und Aufrisses mit dem römischen Pantheon vergleichen; die geometrische Gestaltung und Farbigkeit der Marmorinkrustationen verweisen jedoch auf die lokale Bautradition.

Baptisterium, Donatello und Michelozzo, Grabmal des Papstes Johannes XXIII.

An diesem Grabmal Baldassare Coscias, der auf dem Pisaner Konzil von 1410 zum Gegenpapst Martins V. gewählt, doch bereits auf dem von ihm selbst im Jahre 1414 einberufenem Konstanzer Konzil nicht mehr bestätigt worden war, arbeiteten Michelozzo und Donatello gemeinsam. Cosimo Il Vecchio hatte es nach dem Tode seines Freundes im Dezember 1419 in Auftrag gegeben. Der Gesamtentwurf geht vermutlich auf Michelozzo zurück, von dem auch alle Marmorpartien sowie

UIRTUTE

(Fortsetzung von S. 77)
die Darstellungen der drei theologischen Tugenden (Fides, Spes und Caritas) in den Nischen stammen und der in seiner Steuererklärung von 1427 ausdrücklich erklärte, zusammen mit Donatello, auf den die Bronzefigur des Verstorbenen zurückgeht, an dem Grabmal gearbeitet zu haben.

Das Monument weist einige Besonderheiten auf. Die Übereinanderschichtung der Geschosse erinnert an römische Grab- und Ehrenmonumente, während der von Konsolen getragene Sarkophag, die Bahre mit dem Verstorbenen und der am Gebälk und den Säulen befestigte, einem Spitzbogen ähnelnde Vorhang an gotische Wandgräber gemahnt.

Baptisterium, Kuppelmosaik
Die Mosaizierung der monumentalen Kuppel wurde wohl in den zwanziger Jahren des Duecento begonnen und fand um 1330 ihren Abschluß. In sechs übereinanderliegenden Reihen sieht man Darstellungen aus der Genesis, der Geschichte des ägyptischen Joseph, dem Leben Mariens und Christi und Szenen aus dem Leben Johannes des Täufers sowie Christus, umgeben von der Engelshierarchie. Die Schilderung von Christus als Weltenherrscher im Kuppelsegment über dem Triumphbogen zwischen der Hölle zur Linken und apokalyptischen Szenen wird Coppo di Marcovaldo zugeschrieben. Er soll den Entwurf für diesen Teil der Kuppel geliefert haben, der dann – wie der Rest des Mosaiks – vornehmlich von venezianischen Künstlern ausgeführt wurde. Die übereinander gestellten Säulchen, die die einzelnen Szenen in sich abschließen und voneinander trennen, bilden eine Art architektonisches Gerüst. Sie tragen dazu bei, daß eine illusionistische Wirkung entsteht, die eine Höhenerstreckung suggeriert und – dem älteren Baptisterium der Orthodoxen in Ravenna vergleichbar – die Kuppel wie ein über dem Raum aufgespanntes Zeltdach erscheinen läßt. Diese auf spätantiken Vorbildern basierende Anordnung wurde in einem berühmten Beispiel der zeitgenössischen Florentiner Kultur wiederaufgegriffen. Dante Alighieri soll von der Struktur dieses Mosaiks, unter dem er selbst die Taufe empfangen hatte, zur Aufteilung seiner überirdischen Welt in Himmel und Hölle in der »Göttlichen Komödie« inspiriert worden sein.

Dom, Detail der südlichen Chorfassade

Die zwischen 1380 und 1420 geschaffenen, die drei Kreuzarme abschließenden Apsiden sind durch zwei Baukörper miteinander verbunden, in denen sich die Sakristeien befinden und die am Außenbau stark plastisch hervortreten. Der hier abgebildete Ausschnitt zeigt deutlich den Übergang vom schematischen, noch Arnolfo di Cambio verhafteten Stil zu einer weicheren gotischen Formensprache, wie man sie hier rechts oben am Fenster des ersten Geschosses nahe dem Strebepfeiler sieht, der bisweilen Lorenzo Ghiberti zugeschrieben wurde. Die Verwendung von Wimpergen, die mit Krabben besetzt sind, von einer Blume bekrönt und von gedrehten Säulchen getragen werden, und die Plastizität der vegetabilen Elemente, die – wie an den Kapitellen – als »gattoni« oder Lambrequins die spitzbogigen Fenster überfangen, tauchen in anderen Bauten dieser Zeit immer wieder auf, so an Or San Michele oder der »Loggia del Bigallo«. Eine Vorstellung vom ersten Projekt für den Dom vermittelt eines der Fresken von Andrea da Firenze im Kapitelsaal des Klosters von Santa Maria Novella, der aufgrund der vielen Grabmäler spanischer Edelleute den Beinamen »Spanische Kapelle« erhielt.

Dommuseum, ehemals Dom, Santa Maria del Fiore, Luca della Robbia, Relief der nördlichen Sängerkanzel, Detail

Die Reliefs der ursprünglich über den beiden Sakristeitüren des Doms angebrachten Kantorien Luca della Robbias und Donatellos illustrieren den Psalm 150. Die von Luca geschaffene Kanzel setzt sich aus zehn rechteckigen Bildfeldern zusammen, in denen Mädchen und Knaben singen, musizieren und tanzen. Die Reliefs, deren architektonisches Rahmenwerk, wie Konsolen, Pilaster und Rahmung, große Beachtung verdienen und ebenfalls aus der Werkstatt des Künstlers stammten, wurden im Jahre 1438 vollendet. Luca demonstriert in diesem Jugendwerk eine meisterhafte Beherrschung der Marmorbearbeitung, und es ist wahrscheinlich, daß er antike Reliefs mit ihrer vollkommenen Tiefenschichtung kannte und von ihnen inspiriert wurde. Manche zart skizzierten Figuren der Sängerkanzel verlieren sich fast im Grund, während andere dem Betrachter förmlich ins Auge springen. Auf der Suche nach Werken, die Luca della Robbia beeinflußt haben könnten, verwies die Forschung, die bisher nur wenig über das Frühwerk des Künstlers weiß, auf seine Ausbildung als Goldschmied.

Dommuseum, ehemals Campanile Giottos, Donatello, »Prophet Jeremias«, Detail

Zwischen 1413 und 1435 hatte Donatello drei Skulpturen für den Campanile des Doms geschaffen, von denen der »Prophet Jeremias«, im Volksmund auch »Il Popolano« genannt, allgemein aufgrund der von stilistischen Überlegungen bestimmten Drapierung des Gewandes als die fortschrittlichste betrachtet wird. Die naturalistische Gesichtsbildung des »Jeremias" und des ebenfalls von Donatello für den Campanile geschaffenen »Propheten Habakuk«, dessen kahler Schädel ihm den Spitznamen »Zuccone« (Kürbis) verlieh, ließ die Kunstgeschichtsschreibung seit dem 19. Jahrhundert an beiden Statuen bereits porträthafte Züge vermuten. »Jeremias'« herbes, zerfurchtes Antlitz, in das die Gesichtszüge so tief eingekerbt sind, daß sie auch von einem Betrachter am Fuß des Campanile wahrgenommen werden konnten, und die mächtige, fast gierige Hand verleihen ihm eine Schärfe und Festigkeit, wie man sie in den früheren Werken Donatellos noch nicht findet.

Dommuseum, ehemals Campanile Giottos, Luca della Robbia, Relief mit dem »Disput zwischen Platon und Aristoteles«

Dieses sechseckige Relief gehört zu einer Gruppe von fünf Darstellungen Luca della Robbias für den Campanile des Doms, die einige der »Artes liberales« (Astrologie, Arithmetik, Musik, Rhetorik und Grammatik) darstellen und 1437 in Auftrag gegeben worden waren. Das »Streitgespräch zwischen Platon und Aristoteles« symbolisiert die Philosophie, die hier den »Artes liberales« beigegeben worden ist. In diesem Relief zeigt sich besonders deutlich Luca della Robbias Bezug zum Werk Donatellos, dessen Bronzetüren für die Alte Sakristei von San Lorenzo um 1440 entstanden. Luca hatte seine Darstellungen für den Campanile 1439 vollendet, so daß er sich sicherlich mit dem etwa gleichzeitigen Werk Donatellos auseinandergesetzt hatte. Ähnlichkeiten und Unterschiede der beiden Reliefs werfen ein bezeichnendes Licht auf die Entstehung von Kunst im damaligen Florenz. Auf der Grundlage einer gemeinsamen Formensprache entwickelten sich parallel zueinander unterschiedliche Strömungen. Die Künstlergeneration, der auch Luca della Robbia und Donatello angehörten, war im Schatten der ersten Baptisteriumstür von Lorenzo Ghiberti herangewachsen, und viele von ihnen hatten selbst an ihrer Ausführung mitgewirkt. Während Donatello in seinen Arbeiten mit großem Einfühlungsvermögen eine flimmernde Wirkung des Lichts in die Darstellung mit einbezog, zeigen sich Luca della Robbias steifere, festgefügtere Figuren mehr der Tradition verpflichtet, deren Möglichkeiten einer lebendigen Schilderung er entdeckt hatte und weiterentwickelte.

Dommuseum, ehemals Baptisterium, Lorenzo Ghiberti, »Paradiestür«, Erschaffung Adams und Evas, Sündenfall und Vertreibung, Detail

Die Paradiestür, die ohne Zweifel zu den bekanntesten und berühmtesten Werken Lorenzo Ghibertis gehört, kann als eines der Wahrzeichen von Florenz gelten. Nachdem Bartolo di Michele und Lorenzo Ghiberti nach einem Wettbewerb im Jahre 1401 bereits der Auftrag für eine erste Baptisteriumstür erteilt worden war, stiegen Ruhm und Aufträge der Werkstatt ins Unermeßliche. Dieser Wettbewerb war von der Arte della Calimala (Zunft der Großkaufleute) ausgeschrieben worden und forderte von den Teilnehmern, sich an den von Andrea Pisano vorgegebenen Vierpaßrahmungen zu orientieren.

Die Arbeit an der Paradiestür, die Ghiberti 1425 übertragen wurde, folgte nach einigen grundlegenden Angaben des Florentiner Humanisten Leonardo Bruni, der das gesamte restliche Programm entworfen hatte, den Vorgaben des Meisters selbst. Die im Jahre 1452 vollendete und installierte Türe zeigt auf ihren beiden Flügeln alttestamentarische Szenen. Jede Szene ist in sich thematisch und ästhetisch abgeschlossen – ein gleichsam selbstständiges Meisterwerk, das den anderen zwar ideell verbunden, jedoch eigenständig und unabhängig ist. In der Geschichte Adams und Evas legte Ghiberti die Betonung aus rein künstlerischer Sicht auf die Darstellung der nackten Körper und die Möglichkeit einer Schichtung der einzelnen räumlichen Ebenen des Reliefs. Auch wenn der Künstler in der Schilderung des Hintergrundes und der beiden ersten Menschen beim Sündenfall in virtuoser Weise das »schiacciato« Donatellos anwendete, demonstrierte er insgesamt doch wieder einmal die Bedeutung des Hochreliefs mit tiefen Unterschneidungen und lebendigen Hell-Dunkel-Effekten, die die plastischen Werte und goldschmiedeartige Feinheit des Reliefs unterstreichen. Reich an klassischen Zitaten – so diente etwa der Torso vom Belvedere des Apollonios als Vorbild für den Oberkörper Adams – vermochten die beiden Flügel jenes Meisterwerks der Metallschmiedekunst selbst Michelangelo so sehr zu fesseln, daß er es – wie Vasari berichtet – als Tür zum Paradies bezeichnete.

Accademia, »Salone« und Michelangelo, »Sklave« und »David«

Ansicht des großen Saals, in dem die Werke Michelangelos einschließlich des berühmten »David« ausgestellt werden. Die »Gefangenen« oder »Sklaven« waren ursprünglich für das Grabmal von Papst Julius II. vorgesehen, das jedoch schließlich nur in Form eines vergleichsweise bescheidenen Denkmals in der römischen Kirche San Pietro in Vincoli errichtet wurde, an dem Michelangelo kaum Anteil hatte.

Die »Sklaven« der Accademia befinden sich in einem noch weniger weit fortgeschrittenen Stadium der Ausführung als die des Louvre, weshalb man an ihnen besonders gut die Technik Michelangelos studieren kann, die den Marmorblock auf den ersten Blick kraftvoll und spontan bearbeitet erscheinen läßt, in Wirklichkeit aber ein langsames, schrittweises Vorgehen vorsah.

1504 hatte Michelangelo, drei Jahre nach der Auftragserteilung, den ersten der drei Giganten für die Piazza della Signoria vollendet, der nun den bewundernden Blicken der Florentiner dargeboten wurde. Seine Entfernung im Jahre 1873, als man ihn durch eine Marmorkopie ersetzte und in der Accademia ausstellte, führte zum Teil zu einer Zerstörung der ästhetischen und symbolischen Werte der Figur. Der »David« erhebt sich heute am Ende eines langgestreckten Raumes, wo ihn der Besucher mühelos umschreiten und von einem Blickwinkel aus betrachten kann, der sehr weit über dem ursprünglich geplanten Betrachterstandpunkt liegt und so die Figur – trotz ihrer Ausstrahlung und angespannten Lebendigkeit – insgesamt etwas unharmonisch erscheinen läßt.

Die Licht- und Schattenwirkung der bossierten, bräunlichen Wand des Palazzo Vecchio hatte Michelangelo ehemals einen idealen Hintergrund für das strahlende Weiß des Marmors seines Kolosses geboten. Aus dem Marmorblock, an dem sich bereits Agostino di Duccio und Antonio Rossellino erfolglos versucht hatten, schuf Michelangelo eine Figur, deren Zweidimensionalität zu einer frontalen Ansicht auffordert und ein Umschreiten verbietet. Dem Ufer des Arno zugewandt, wachte der »David« in seiner mythischen Präsenz gleichsam über die Freiheit der Florentiner.

San Marco, Mönchszelle an der Ostseite im Obergeschoß, Fra Angelico, »Noli me tangere«
Die Folge der oben halbkreisförmig gerundeten Fresken mit sakralen Darstellungen, die Fra Angelico für die Zellen der Mönche schuf, entstand zwischen 1438 und der Mitte des Jahrhunderts. Die hier abgebildete »Erscheinung Christi vor Magdalena« ist vor allem wegen der Gestaltung der Natur bemerkenswert.

San Marco, Mönchszelle an der Ostseite im Obergeschoß, Fra Angelico, »Verspottung Christi«
Dieses Fresko ist bezeichnend für die »naturalistische« Malerei des Quattrocento. Die Anwesenheit des in ein Buch vertieften Heiligen Dominikus rechts und der Muttergottes links offenbart, daß es sich nicht um die naturgetreue, nachvollziehbare Schilderung eines historischen Ereignisses handelt. Um Christus, der auf einem weißen Sockel, einem hölzernen Devotionsbild vergleichbar, thront, erscheinen mehrere Hände und das Gesicht eines der ihn verspottenden Schergen sowie der Nimbus auf dem einer Tapisserie vergleichbaren Vorhang hinter den Schultern Christi. Die »Verspottung Christi« ist eine symbolische Darstellung, die keinen Anspruch auf Realismus erhebt.

San Marco, Kloster nördlicher Korridor des Obergeschosses, Fra Angelico, »Verkündigung«
Die perspektivische Rahmung, die das Blickfeld begrenzt, verdeutlicht, daß auch hier die Szene gleich einem Theaterprospekt dargeboten wird. Die Loggia mit teils korinthischen und teils ionischen Kapitellen, wie Michelozzo sie in der angrenzenden Bibliothek verwendet hatte, ist zu klein, um die Figuren in einem nachvollziehbaren und nicht nur symbolischen Verhältnis zueinander aufzunehmen. Wie Statuen füllen die Muttergottes und die Engel in blockhafter Haltung allen verfügbaren Platz des ihnen zugewiesenen Raumes wirkungsvoll aus. Außerhalb der Loggia erscheint die stilisierte Landschaft mit phantastischen Bäumen, die scheinbar nie von einem Blitz oder Sturm heimgesucht wurde, wie ein Teppich aus Blättern und Blüten, der mehr an flämische Tapisserien als an die vom Frühling begrünte, verbrannte toskanische Erde erinnert.

San Marco, Michelozzo, Bibliothek
Dieser Bibliotheksbau der frühen Neuzeit zählt zu den beeindruckendsten Beispielen in Italien. Er weist eine longitudinale, dreischiffige Anlage auf, die Michelozzo mit Hilfe ionischer Kapitelle auszeichnete, deren Ausrichtung den Raum strukturiert. Der Mittelteil, der tonnen-, und nicht wie die Seitenschiffe kreuzgratgewölbt ist, erscheint wie eine symbolische Straße, auf der der Besucher zuversichtlich durch die Verführungen des Wissens schreitet, wobei die Wissenschaft, von der all die Bücher zeugen, den irreführen kann, der in ihr nicht das Mittel, sondern das Ziel sieht.

San Marco, Museum, Fra Angelico, Altar mit der »Kreuzabnahme Christi«

Der Altar zählt zu den beeindruckendsten Werken Fra Angelicos. Die Haupttafel wird oben von drei Spitzbogen abgeschlossen; in deren Giebelfeldern befinden sich drei weitere von Lorenzo Monaco ausgeführte Darstellungen aus der Passion Christi, das »Noli me tangere«, die »Auferstehung« und die »Drei Marien am Grabe«. Ursprünglich für die Sakristei in Santa Trinità geschaffen, paßt sich die geschnitzte architektonische Rahmung dieses Altars an Gentile da Fabrianos »Anbetung der Könige« (heute in den Uffizien) an, die etwa fünfundzwanzig Jahre zuvor entstanden war. Diese formale Vorgabe, die dadurch bedingt wurde, daß die Altäre in den Bau aus dem Umkreis Lorenzo Ghibertis eingefügt werden sollten, muß Fra Angelico nicht unbedingt mißfallen haben, schuf er doch hier, an solche Art der Zusammenarbeit gewöhnt, eine seiner ausdrucksvollsten Kompositionen.

Der wundervolle Einsatz der Farben, die noch reiner und prunkvoller sind als gewöhnlich, bezeugt Fra Angelicos innovative Fähigkeiten. Bereits Mitte der dreißiger Jahre des Quattrocento hatte er, in Vorwegnahme Domenico Venezianos, die zurückhaltende, leuchtende Palette Masaccios und des frühen Filippo Lippi in eine kühnere und lautere Farbigkeit verwandelt. In Anbetracht der kürzlich gewonnen kritischen Erkenntnisse, die die Rekonstruktion von Domenico Venezianos Altar mit der »Sacra Conversazione« von Santa Lucia de' Magnoli (heute Uffizien) mit drei weniger stark beschädigten Predellentäfelchen erbrachte, muß man sich heute fragen, ob Fra Angelico nicht auch jenes Primat zugestanden werden muß. Dies würde eine stärker an Florenz orientierte Erklärung des Verlaufs der Kunst fordern, für die Fra Angelico in jenen entscheidenden Jahren der Angelpunkt wäre.

JESVS NAZARENVS REX IVDEORVM
ESTIMATVS SVM CVM DESCENDENTIBVS IN LACVM

Sant' Apollonia (Museum Andrea del Castagno), »Abendmahl«
Dieses Werk ist das besterhaltene Fresko Andrea del Castagnos. In der Darstellung dieses Raumes, dessen Wände durch farbige Marmorfelder gegliedert sind, beweist Castagno seine überlegenen perspektivischen Fähigkeiten. Die seitlichen Pfeiler, die auf den ersten Blick wie Pilaster wirken, verkleiden die Dicke der Wände, hinter denen sich ein »hortus conclusus«, ein Hof mit Backsteinmauern, befindet und die sich jenseits der Grenzen der realen Architektur verlieren. Das Fresko entstand zwischen 1445 und 1450. Nach seiner berühmten Freskenausstattung für die San Tarasio-Kapelle in San Zaccaria in Venedig hat sich Castagnos Formensprache nunmehr vollkommen gefestigt. Die verkürzten Nimben, die wie Metallscheiben anmuten und sich den Neigungen der Köpfe anpassen, zeigen die kompromißlose Treue des Künstlers gegenüber der Perspektivmalerei.

ANDREAS
·S·BARTHOLOMEVS
·S·THADEVS
·S·SIMON

San Lorenzo, Alte Sakristei, Blick in die Kuppel mit den Tondi Donatellos
Die Reliefs in den Okuli der Pendentifs schildern vier Szenen aus dem Leben des Evangelisten Johannes, dem Namenspatron des Stifters Giovanni di Bicci de' Medici, dem die Kapelle geweiht war. Die Tondi der Lünetten zeigen die vier Evangelisten. Bei Giorgio Vasari erfahren wir, daß Brunelleschi die Reliefs mißfallen hätten und es darüber zu einem Zerwürfnis mit Donatello gekommen sei. Abgesehen davon, daß der Architekt keine derartige Dekoration der Okuli vorgesehen hatte, um nicht die Klarheit der Architektur zu trüben, mag auch die Gestaltung der Reliefs selbst den »Erfinder der Perspektive« irritiert haben. Donatello hatte zwar die einzelnen Szenen in Verkürzung wiedergegeben, ihre Perspektive jedoch nicht auf einen einzigen, gemeinsamen Betrachterstandpunkt hin – zum Beispiel die Mitte des Raumes – konzipiert.

Rechte Seite:
San Lorenzo, Alte Sakristei
Bei der Alten Sakristei handelt es sich um die Familienkapelle der Medici, die bereits die Erweiterung des romanischen Kirchenbaus von San Lorenzo im Jahre 1418 finanziert hatten. Stifter der 1428 vollendeten Kapelle war Giovanni di Bicci de' Medici, der Vater Cosimo Il Vecchios. Filippo Brunelleschi hat hier einen Zentralraum geschaffen, in dem Kuben und Halbkugeln in geometrisch definierten Proportionen zueinander stehen. Der Grundriß der Apsiskapelle mißt genau ein Viertel des Grundrisses des Hauptraums und beide Räume sind von einem sicherlich bereits von Anfang an durch den Architekten geplanten umlaufenden Fries mit Cherubim verbunden.

Unter dem »bancone« in der Mitte des Raumes – einem an die Antike erinnernden und an die Ewigkeit gemahnenden, mit Porphyr geschmückten Tisch zum Auslegen der Meßgewänder – befindet sich der 1434 von Andrea di Lazzaro Cavalcanti geschaffene Sarkophag Giovanni di Biccis und seiner Gemahlin Piccarda Bueri. Die polychromen Reliefs in den Okuli der Pendentifs und Lunetten sowie in den Blendnischen oberhalb der Türen wurden von den Söhnen des Stifters Cosimo und Lorenzo de' Medici bei Donatello in Auftrag gegeben, der sie wohl vor seiner Abreise nach Padua im Jahre 1443 schuf. Nachdem sie während der letzten Restaurierungsarbeiten von alten Übermalungen befreit wurden, erstrahlen sie heute in ihrer ursprünglichen Farbigkeit und Frische.

Nächstfolgende Seite:
San Lorenzo, Donatello, südliche Bronzekanzel
Die signierten und 1465 datierten nördlichen und südlichen Sängerkanzeln sind Spätwerke Donatellos und entstanden unter Mitwirkung seiner Schüler Bartolomeo Bellano und Bertoldo di Giovanni, die die Arbeiten nach dem Tod des Meisters zu Ende führten. Ursprünglich waren die beiden Kanzeln vor dem Chor an den Vierungspfeilern angebracht gewesen.

Die Reliefs beider Kantorien zeigen Szenen aus der Passion Christi, wobei der rechten noch das Martyrium des Titelheiligen der Kirche hinzugefügt wurde. Die Versetzung der Kanzeln machte die Hinzufügung von je zwei bronzierten Holzreliefs nötig. Die stilistisch wohl als selbständige Arbeit Bartolomeo Bellanos einzustufende »Kreuzigung« zeigt eine Dramatik der Darstellung, die auf den Einfluß Donatellos zurückzuführen ist, weist gleichzeitig jedoch eine ikonenhafte Strenge in der Erzählung auf.

Im Hintergrund ist ein Teil des Gemäldes „Martyrium des Hl. Laurentius" von Agnolo Bronzino sichtbar.

San Lorenzo, Filippo Brunelleschi, Innenraum mit Blick auf den Eingangsbereich

Der Grundriß der im Jahre 1418 begonnenen Kirche folgt dem basilikalen Schema mit Hauptschiff, zwei niedrigeren Seitenschiffen und Querhaus. Reihum schließen sich Kapellen an. Der harmonische Eindruck, den das Bauwerk vermittelt, ist auf die Wiederholung von Maßeinheiten zurückzuführen: Die einzelnen Abschnitte der Seitenschiffe, die durch eine Folge von Hängekuppeln überwölbt sind, müssen als raumhaltige Kuben aufgefaßt werden. Das Hauptschiff ist doppelt so groß wie die Seitenschiffe. Die in blaugrauem Sandstein (»pietra serena«) ausgeführten Architekturglieder, die scheinbar der Logik der klassischen Ordnungen folgen, definieren ein optisch selbsttragendes Gerüst, das zu den verputzten Mauerfüllungen im Gegensatz steht.

Die Vierung wird von massiven, mit Pilastern instrumentierten Pfeilern eingefaßt. Über diesen setzen die Gurtbögen an, die die Kuppel vorbereiten. Der heute weiß verputzte Fries des zwischen Wand und Wölbung vermittelnden Gebälks muß früher anders ausgesehen haben. Vielleicht barg er Darstellungen von Cherubim und Symbolen, die sich auf den Heiligen Laurentius bezogen, wie dies auch in den Gebälkstücken oberhalb der Säulen des Hauptschiffes der Fall ist. Dieser Fries war wohl mit farbig gefaßten Terrakotten geschmückt und ähnelte dem am Außenbau der Alten Sakristei, von dem nur noch ein kurzes Stück existiert, das an den Baukörper der Biblioteca Laurenziana stößt und vom ersten Kreuzgang aus zu sehen ist.

An der Fassadeninnenwand der Kirche befindet sich die Reliquientribüne, die erst in den Jahren 1530 bis 1532 nach Entwurf Michelangelos ausgeführt wurde, sich aber nichtsdestoweniger gelungen in den baulichen Zusammenhang des Quattrocento einfügt. Man beachte, wie das von großen Säulen getragene Gebälk das über den Pilastern vor den Kapellen verlaufende wiederaufnimmt. Auch hier fehlt am heute weiß getünchten Fries die plastische Dekoration.

Folgende Seiten:
San Lorenzo, Außenansicht von Nordosten

Zu dieser monumentalen Anlage, deren größter Teil, nämlich die Kirche und die Alte Sakristei, auf Filippo Brunelleschi

(Fortsetzung von S. 103)
zurückgeht, gehören auch die Klosterbauten mit der Biblioteca Laurenziana und der Neuen Sakristei von Michelangelo sowie die Fürstenkapelle. Letztere entstand nach einem von Bernardo Buontalenti überarbeiteten Plan Don Giovanni de' Medicis, eines natürlichen Sohns Cosimo I., und wurde nach dessen Tod von Matteo Nigetti fortgesetzt.

Das Denkmal Giovanni dalle Bande Neres vor der Fassade stammt von Baccio Bandinelli.

San Lorenzo, Michelangelo, Neue Sakristei, Blick in die Kuppel
Innerhalb des Kirchenkomplexes von San Lorenzo bildet die sogenannte Neue Sakristei das symmetrische, und auch vom Grundriß her identische Gegenstück zur südlich an das Querhaus anschließenden Alten Sakristei Filippo Brunelleschis. Michelangelo lieferte für Papst Leo X. und Kardinal Giulio de' Medici, den späteren Papst Clemens VII., den Entwurf für die Grabkapelle. Nach dem Weggang des Künstlers nach Rom im Jahre 1534 blieben Bau und Ausstattung zunächst unvollendet. Im Auftrag Cosimo I de' Medicis erhielt die Neue Sakristei dann durch Giorgio Vasari und Bartolomeo Ammanati ihr heutiges Aussehen. Michelangelo beweist hier seinen freien Umgang mit dem klassischen Architektursystem, indem er die Beziehungen zwischen den einzelnen Bauelementen in völlig neuer Weise definiert. Die Wölbung mit ihren sich verjüngenden Kassetten und dem zentralen Okulus erinnert an die Kuppel des Pantheons.

San Lorenzo, Neue Sakristei, Michelangelo, Grabmal Giuliano de' Medicis
Die Wand, in deren Mitte sich das Grabmal Giuliano de' Medicis, Herzogs von Nemours, erhebt, ist durch Bauglieder aus »pietra serena« (Sandstein) unterteilt. Auf den mit Rücklagen hinterlegten Pilastern ruht ein Gebälk, dessen weiß getünchter und somit schmuckloser Fries wohl eine beabsichtigte Zäsur im Aufriß darstellt. Die obere Wandzone wird von dem großen Bogen dominiert, der das Grabmal wirkungsvoll überfängt. Man weiß nicht, wie sich Michelangelo die endgültige skulpturale und dekorative Ausstattung vorgestellt hatte; vielleicht sollten die leeren Nischen seitlich der zentralen Sitzfiguren der Herzöge Personifikationen der vier Erdteile aufnehmen.

DEO
PRAESIDIBVSQ·FAMILIAE DIVIS
CLEMENS VII·MEDICES
PONT·MAX·
LIBRIS OPT·STVDIO MAIORVM
ET SVO VNDIQ. CONQVISITIS
BIBLIOTHECAM
AD ORNAMENTVM PATRIAE AC
CIVIVM SVOR·VTILITATEM
D D.

FERDINANDVS·I·M·D·ETR
OSMVS·II·MAGNVS·DVX·ETR
FERDINANDVS·II·M·D·ETR

Vorhergehende Seiten:
San Lorenzo, Neue Sakristei, Michelangelo, Grabmal Lorenzo de' Medicis; Der Abend
Über den Liegefiguren von »Der Abend« und »Der Morgen« thront Lorenzo in der Haltung des »Pensieroso«. Michelangelo schrieb als Antwort auf die von den Figuren »Der Abend« und »Der Morgen« inspirierten Verse Giovanni Battista Strozzis ein Sonett, das eine versteckte Andeutung auf den Niedergang der autonomen Florentiner Republik enthält. Eine der Statuen der Neuen Sakristei – vielleicht die anbrechende Nacht – beginnt darin ihre Rede mit der berühmten Quartine: »Schlaf ist mir lieb, doch über alles preise ich, Stein zu sein. Währt Schande und Zerstören, nenn ich es Glück: nicht sehen und nicht hören. Drum wage nicht zu wecken. Ach! Sprich leise.«

Der »Morgen« ist Symbol des Lebens, dem ein früher Tod ein jähes Ende gesetzt hat. Er zeigt sich in jungfräulicher Nacktheit, worauf das unter der Brust geknüpfte Band hinweist.

San Lorenzo, Michelangelo, Vorraum der Biblioteca Laurenziana (»Il Ricetto«)
Auftraggeber dieses Raumes und der Bibliothek war Papst Clemens VII. 1524 wurde mit den Arbeiten begonnen, der ursprüngliche Entwurf Michelangelos aber während dessen Abwesenheit trotz der Oberaufsicht Bartolomeo Ammanatis in einigen Punkten verändert. Dies betrifft auch die ungewöhnliche, den größten Teil des Raumes beanspruchende Treppe. Beim Wandaufbau spielt Michelangelo mit der traditionellen klassischen Architekturlehre, in der Säule und Gebälk das Prinzip von Tragen und Lasten veranschaulichen. Seine gekoppelten toskanischen Säulen sind in Wandvertiefungen eingelassen und erscheinen durch die unter ihnen angebrachten Voluten wie Elemente, die selbst einer Stütze bedürfen. Dieses Motiv führte dazu, daß man in der Biblioteca Laurenziana – abgesehen von einer möglichen Beeinflussung Michelangelos durch die Philosophie des Neuplatonismus – einen Gegenentwurf zu den Bauten Brunelleschis zu erkennen glaubte.

San Lorenzo, Fürstenkapelle
Bereits von außen bildet der gewaltige, achteckige Kapellenbau einen markanten Blickpunkt im Stadtgefüge. Im Inneren erhebt sich über der Krypta mit schwer lastenden Gewölben der imposante Hauptraum – ein mit »pietra dura« geschmückter Schrein, der die Kenotaphe der toskanischen Großherzöge birgt. Der endgültige Entwurf, dem bereits verschiedene vorausgegangen waren, darunter auch einer Bernardo Buontalentis, stammte von Don Giovanni de' Medici und wurde von dem Bauführer Matteo Nigetti, der im Verlauf der Arbeiten gewisse Veränderungen vornahm, ab 1602 ausgeführt.

Der Giambologna-Schüler Pietro Tacca schuf die zwei überlebensgroßen bronzenen Nischenfiguren, die die Herrscher Ferdinando I und Cosimo II de' Medici darstellen. Geplant, aber nicht mehr ausgeführt, waren weiter die Standbilder Cosimos I., Ferdinandos II., Francescos I. und Cosimos III. Insgesamt blieb das ganze Unternehmen hinter dem ursprünglichen Entwurf zurück; so fehlte etwa die Kuppellaterne und auch der Altar sollte ehemals anders gestaltet werden. Das Interesse am Weiterbau erstarb endgültig mit dem Erlöschen der Medici-Dynastie.

Santa Maria Novella, Leon Battista Alberti, Fassade
Wie die Inschrift unter dem bekrönenden Giebel besagt, wurde die Fassade im Jahre 1470 im Auftrag Giovanni Rucellais erbaut. Dieses Meisterwerk Leon Battista Albertis schließt die trecentesken Grabmäler im Sockelgeschoß mit ein und trennte, beziehungsweise rahmte sie durch hohe, mittels Bogen verbundene Säulen. Die zweifarbigen, gestreiften Eckpilaster tragen ein Gebälk, dessen Fries das Handelsemblem der Stifterfamilie – ein geblähtes Segel – schmückt, während sich im Gebälk über dem von Pfeilern flankierten Portal wie am »Heiligen Grab« in San Pancrazio zusätzlich noch das mediceische Wappen – der Ring mit Federn – wiederholt. Alberti griff in seiner Fassade die bereits durch die vorhandenen Bauteile vorgegebene grünweiße Farbigkeit auf und verband sie mit Elementen der klassischen Formensprache. Die große Rosette der rechten Volute (die linke Rosette ist eine moderne Nachbildung) weist ähnliche Motive wie die Marmorverkleidung des »Heiligen Grabes« auf. Der inkrustierte, strahlende Stern im Giebelfeld erinnert zwar an den Logos des Heiligen Bernhardin von Siena, spielt hier jedoch vermutlich auf Sonne und Mond an. Die Strenge von Albertis Architektur vermag es, eine fast zeitlose Struktur zu schaffen, in der die bereits vorhandenen Partien aus der Mitte des 14. Jahrhunderts beibehalten und mit Hilfe eines einenden, klassischen Architekturprinzips in die neue Fassade eingebunden wurden.

Folgende Seiten:
Santa Maria Novella, Strozzi-Kapelle, Filippino Lippi, »Der Heilige Johannes im Marstempel«, Detail
Johannes Evangelist läßt im Marstempel von Gerapoli ein Ungeheuer aus einem Loch im Altar entweichen, dessen übler Geruch den Sohn des Königs tötet, und beweist so dem Volk seinen Irrglauben. Diese ungewöhnliche Darstellung gehört zu einem Freskenzyklus mit Szenen aus dem Leben des Heiligen, den Filippino Lippi im Auftrag Filippo Strozzis in dessen Familienkapelle in Santa Maria Novella während der letzten Jahre des Quattrocento ausführte und 1502 vollendete. Der höchst persönliche Stil Lippis in diesen Fresken läßt sich hinsichtlich seiner Linearität den Werken Sandro Botticellis vergleichen und verrät gleichzeitig nordische Einflüsse, die in eine Art Protomanierismus münden sollten.

Santa Maria Novella, Innenraum
Der 1246 begonnene und 1278 wieder aufgenommene Bau der wichtigsten Dominikanerkirche von Florenz soll auf Pläne zweier Ordensbrüder, Fra Sisto und Fra Ristoro, zurückgehen und war erst im Jahre 1360 weitgehend vollendet.

Der dreischiffige Innenraum besitzt ein Kreuzrippengewölbe, das auf Pilastern oder Halbsäulen mit Rücklagen ruht. Haupt- und Seitenschiffe weisen Spitzbogen auf. Die fast schon saalartig anmutende Weite der Basilika, deren Raumabschnitte klar ablesbar sind, läßt sich auch in anderen, etwa gleichzeitigen Kirchenbauten der Toskana beobachten.

IOHANES·ORICELLARIVS·PAV·F·AN·SAL·MCCCCLXX

Santa Maria Novella, Gondi-Kapelle, Filippo Brunelleschi, »Kruzifix«
Die zwischen 1503 und 1508 von Giuliano da Sangallo errichtete Kapelle birgt heute das berühmte hölzerne Kruzifix Filippo Brunelleschis. Giorgio Vasari berichtete, daß der Bildhauer es geschaffen habe, um Donatellos Kruzifix für Santa Croce, dessen Anatomie er zuvor heftig kritisiert hatte, zu übertreffen. Teilweise auf dem Studium antiker Skulpturen basierend, schildert Brunelleschi hier mit ungewöhnlicher Ausdruckskraft die Qual des gekreuzigten Körpers. Über die Datierung des Werkes herrscht Uneinigkeit.

Santa Maria Novella, Masaccio, »Trinitätsfresko«
Dieses berühmte Fresko Masaccios, das zwischen 1426 und 1428 entstand, wird mehr als jedes andere Werk der Frührenaissance von einer formalen Geschlossenheit und dem Wunsch, die theoretisch erworbenen Regeln anzuwenden, beherrscht. Wenn auch öfter in der Forschung ein direktes Eingreifen Filippo Brunelleschis in die Gestaltung der gemalten Architektur vermutet wurde, so finden sich hier doch einige Elemente, die auf die Formensprache Michelozzos verweisen.

Masaccio folgte in der Konstruktion der Verkürzungen konsequent den Gesetzen von Brunelleschis Linearperspektive. Heilige und weltliche Personen – Christus, Maria und Johannes sowie die beiden Stifter – werden erstmals im gleichen Maßstab, Gottvater hingegen etwas überlebensgroß wiedergegeben. Durch die Abschaffung der hierarchisch bedingten Größenabstufung stellte der Maler Stifter und Heilige auf eine Ebene und enthüllte so ihren Charakter als künstlich geschaffene Personen. Dies war nur möglich, weil man die Figuren nicht als Abbilder der Heiligen, sondern lediglich als ihre Nachahmung verstand, farbig gefaßten, hölzernen Skulpturen vergleichbar, die wie im Theater eine heilige Handlung vorführten. Die Darstellung der Stifter als dreidimensionale Statuen überraschte ebenfalls nicht, da die Florentiner Kirchen – für Santissima Annunziata ist dies quellenmäßig belegt – mit von Gewändern bekleideten, hölzernen, bisweilen auch wächsernen Figuren überladen waren, die als ex voto fungierten.

Vorhergehende Seiten:
Santa Maria Novella, Kapitelsaal, sogenannte »Spanische Kapelle«
Die Architektur des Kapitelsaals, der nach dem Ende der Pest im Jahre 1348 begonnen und 1355 vollendet worden war, zählt zu den bedeutendsten Werken Jacopo Talentis. Andrea Bonaiuto, auch Andrea da Firenze genannt, schuf die Freskierung, deren komplexes theologisches Programm vermutlich auf Jacopo Passavanti, Prior des Dominikanerklosters zwischen 1354 und 1357, zurückgeht. Die Fresken schildern die Passion Christi, die Apotheose des Dominikanerheiligen Thomas von Aquin sowie das Wirken des Dominikanerordens, der als Verfechter des wahren Glaubens die christliche Lehre verteidigt und die Häresie bekämpft. Es handelt sich um ein komplexes Werk mit einem bestimmten theologischen Inhalt, der die Gültigkeit der vom Orden propagierten Lehren veranschaulichen soll.

Die verfeinerte, rhythmische Komposition der Malereien führte bisweilen zum Vergleich mit Ambrogio Lorenzettis Fresken für den Palazzo Pubblico in Siena. Aufschlußreich ist die Darstellung des Florentiner Doms in der »Allegorie des Dominikanerordens«, der während der Entstehung des Freskos nach Plänen Arnolfo di Cambios im Bau war.

»Ognissanti« (Allerheiligenkirche), Refektorium, Domenico Ghirlandaio, »Abendmahl«
Domenico Ghirlandaio schuf hier, allein mit den Mitteln der Perspektivmalerei, einen völlig neuartigen illusionistischen Raum, der doppelt so breit wie tief ist, indem er die Figuren, einem Fries vergleichbar, in einer Ebene anordnete. Die Ausstattung mit farbigen und seltenen Tieren und Pflanzen vermittelt Fröhlichkeit und besitzt zwar noch symbolischen Wert, ist jedoch gleichzeitig von der zu dieser Zeit in Florenz so populären flämischen Malerei bestimmt.

Santa Trinità, Sassetti-Kapelle, Domenico Ghirlandaio, Lünette der Stirnwand und Blick in das Gewölbe
Unter den vier Deckenfeldern mit Darstellungen von Sibyllen, die Ghirlandaio ab 1483 ausführte, sieht man in dem Lünettenfresko der Stirnwand eine Loggia, in der Papst Honorius III. die Ordensregel des Heiligen Franziskus bestätigt. Im Hintergrund öffnete sich der Blick auf die Piazza della Signoria mit dem Palazzo Vecchio und der Loggia dei Lanzi: vorne wohnen einige zeitgenössisch gekleidete Persönlichkeiten des Florentiner Lebens der Zeremonie bei. Rechts erkennt man Lorenzo Il Magnifico zwischen dem kahlköpfigen Stifter Francesco Sassetti und dessen Sohn Federigo, sowie dem Dichter Antonio Pucci, ihnen gegenüber die drei älteren Söhne Sassettis, in der Mitte – die Treppe hinaufsteigend – den Dichter Agnolo Poliziano, den Erzieher von Lorenzos Kindern, mit seinen Schützlingen Piero, Giovanni und Giuliano de' Medici.

Santa Trinità, Sassetti-Kapelle, Domenico Ghirlandaio, Blick auf Rück- und rechte Seitenwand mit Szenen aus der Franziskuslegende
Die Abbildung zeigt außer dem Altarbild (rechts daneben ein Fresko des Stifters Francesco Sassetti) vier Szenen aus dem Leben des Heiligen Franziskus: »Die Bestätigung der Ordensregel durch Honorius III.« und »Die Feuerprobe vor dem Sultan« in den Lünetten, darunter »Die Totenmesse des Heiligen« und »Der Heilige Franz erweckt ein aus dem Fenster gestürztes Mädchen wieder zum Leben«. Letztere Szene wurde von Ghir-

GENVIT ADORAVIT MARIA

(Fortsetzung von S. 122)
landaio auf die Piazza Santa Trinità versetzt und zeigt das ursprüngliche Aussehen der Kirchenfassade, deren Entwurf in der Forschung bisweilen Nicola Pisano zugeschrieben wird. Die dem Wunder beiwohnenden, zeitgenössisch gekleideten Zuschauer zeigen porträthafte Züge. Sie demonstrieren die weitreichenden familiären und freundschaftlichen Verbindungen, über die die Auftraggeberfamilie in Florenz verfügte.

Santa Trinità, Sassetti-Kapelle, Domenico Ghirlandaio, »Anbetung der Hirten«, Detail
Mit fast schon porträthafter Genauigkeit schildert Ghirlandaio hier die Physiognomie eines der Hirten. Man fühlt sich an Hugo von der Goes' Triptychon für den Hochaltar von S. Egidio erinnert (heute in den Uffizien), das nur etwa sieben Jahre zuvor von dem in Brügge ansässigen Florentiner Tommaso Portinari in Auftrag gegeben worden war und nach seiner Aufstellung in Florenz entscheidenden Einfluß auf die Malerei der Stadt ausgeübt hatte.

Rechte Seite:
Santa Trinità, Sassetti-Kapelle, Domenico Ghirlandaio, »Anbetung der Hirten«
Das von Francesco Sassetti zusammen mit der übrigen malerischen Ausstattung der Kapelle bei Domenico Ghirlandaio in Auftrag gegebene Altarbild mit der »Anbetung der Hirten« zählt zu den Hauptwerken des Meisters. Wie die Inschrift auf dem Gebälkstück oberhalb des linken Pfeilers besagt, entstand es im Jahre 1485. Das weder rein philologische noch nur zur frommen Andacht einladende Werk spiegelt die Entwicklung einer Kultur wider, die eklektisch und für ihre Zeit kosmopolitisch war und die es vermochte, die unterschiedlichsten Anregungen aufzunehmen und zu verarbeiten.

Folgende Seiten:
Santo Spirito, Hochaltar mit Blick in die Vierungskuppel
Unter Brunelleschis von Rippen gegliederter Kuppel, obwohl erst 1480 von Salvi d'Andrea vollendet, erhebt sich ein frühbarocker Baldachinaltar. Er wurde im ersten Jahrzehnt des Seicento von Gherardo Silvani, Agostino Ubaldini und Giovanni Caccini geschaffen, von dessen Hand auch der Skulpturenschmuck stammt; besondere Aufmerksamkeit verdienen der hier abgebildete Engel und sein Pendant. Trotz des anderen Materials und des frühbarocken Geschmacks, der die drei Künstler in Entwurf und Ausführung des monumentalen Ziboriums leitete, kann man hier eine geometrische Gliederung der Massen erkennen. Die klare räumliche Scheidung der architektonischen Elemente zeigt, daß sich in der toskanischen Architektur einige Charakteristika bis an die Schwelle des Barock und bisweilen noch länger bewahrt haben.

Santo Spirito, Querhaus, Blick aus dem Querhaus in die Vierung
Die Besonderheit von Filippo Brunelleschis Entwurf, der leider später verändert ausgeführt wurde, läßt sich noch gut an der Abfolge der Arkaden erkennen, deren Gewölbe Kapellen über halbkreisförmigem Grundriß ausgrenzen. Hierdurch entsteht eine Reihe von Apsiden, deren halbkreisförmiger Abschluß auch am Außenbau sichtbar werden sollte, wobei eine Bedachung in Form einer Viertelkuppel für jede Kapelle geplant war. Insgesamt entsteht – hellenistischen Bauten vergleichbar – der Eindruck einer sich nacheinander entwickelnden Raumfolge.

MCCCC
LXXXV
MAGNO HIRCANUS
ENSE CADENS SOLYMO POMPEI FVLVI
AVGVR
NVMEN AIT QVAE ME CONTR
VRNA DABIT

Chiostro dello Scalzo (Kreuzgang der Barfüßer), Andrea del Sarto, »Taufe des Volkes«

Zwischen 1510 und 1526 entstanden hier dreizehn Fresken Andrea del Sartos mit Szenen aus dem Leben Johannes' des Täufers. Zwei Darstellungen – »Der Aufbruch des jungen Johannes in die Wüste« und »Johannes begegnet Christus« – stammen von Franciabigio. Die »Taufe des Volkes« ist in den Quellen für 1517 belegt und zeigt Andrea del Sarto als streng linear arbeitenden Maler, der Anregungen aus Michelangelos Karton zur »Schlacht von Cascina« verarbeitet. Auch Rückgriffe auf die Werke Leonardos und Andrea Sansovinos lassen sich in der Anwendung des »chiaroscuro« und der Komposition des Freskos erkennen, während die Luftigkeit der Darstellung auf Andrea del Verrocchio verweist.

Chiostro dello Scalzo (Kreuzgang der Barfüßer)

Die Architektur des zu Beginn des Cinquecento erbauten Kreuzgangs weist Elemente auf, die an Michelangelos Bauten erinnern. Auftraggeber war die Bruderschaft Johannes des Täufers, deren Beiname »dello Scalzo« sich von dem Umstand ableitete, daß ihre Kreuzträger barfuß (scalzo) an Prozessionen teilnahmen. Die Sockel und Plinthen der Säulen des Kreuzgangs tragen Grabessymbole. Andrea del Sarto schuf hier einen der bedeutendsten Freskenzyklen des ersten Viertels des Cinquecento. In seinen Grisaillen, für die Zahlungen zwischen den Jahren 1514 und 1526 dokumentiert sind, läßt sich gut der künstlerische Werdegang des Malers verfolgen, wobei man eine Zäsur, bedingt durch seinen Aufenthalt in Frankreich am Hof Franz I. in den Jahren 1518 und 1519 erkennen kann.

Vorhergehende Seiten:
Galluzzo, Kartause
Das auf einer Anhöhe über dem Tal von Ema gelegene Kloster wirkt wie eine der Stadt vorgelagerte Festung. Stifter war der Florentiner Niccolò Acciaiuoli, Haushofmeister des neapolitanischen Königs. Mit den Bauarbeiten wurde im Jahre 1341 begonnen.

Rechts im Bild ist der ursprüngliche Baubestand zu erkennen. Er erhebt sich über einem geböschten Sockel und besitzt im unteren Geschoß gotische Fenster. Im oberen Geschoß befindet sich die Pinakothek (ehemals das Refektorium) mit hervorragenden Kunstwerken. Besonders zu nennen sind fünf große Lünettenfresken mit Darstellungen aus der Passionsgeschichte, die Jacopo Pontormo in der ersten Hälfte der zwanziger Jahre des Cinquecento schuf und die ursprünglich im Kreuzgang zu sehen waren.

Uffizien, Südlicher Trakt mit Galerie und Loggia zum Arno
Wie der Name »ufficio« = Büro nahelegt, war der um einen langgestreckten Innenhof gruppierte Komplex zwischen Arno und Piazza della Signoria ursprünglich für eine andere Nutzung bestimmt gewesen. Nach dem Willen Cosimos I. wurden hier der Gerichtshof und die Ministerien mit den für die Verwaltung der Stadt notwendigen Amtsräumen unter einem Dach vereinigt. Giorgio Vasari begann den Bau im Jahre 1560; zwei Jahrzehnte später erfuhr er unter der Leitung von Alfonso Parigi und Bernardo Buontalenti seine Vollendung. Zu den Gebäuden, die der Verwirklichung dieses großen Komplexes im Wege standen, zählte auch die romanische Kirche San Pier Scheraggio, die bis ins 13. Jahrhundert als Versammlungsort des Stadtrates gedient hatte. Ihre Mauern fanden beim Neubau der Uffizien partiell Verwendung.

Bereits zu Zeiten Cosimos I. wurden im oberen Geschoß Kunstwerke aufbewahrt. Berühmt war die Kollektion außergewöhnlicher Preziosen, die als eine der wichtigsten »Kunst- und Wunderkammern« der Renaissance bezeichnet werden muß, und die große Anzahl antiker Statuen, die heute in den Gängen ausgestellt sind.

Die Architektur, die deutlich michelangeleske Züge trägt, präsentiert sich zum Arno hin mit einer mächtigen Loggia, deren Mittelteil mit toskanischen Säulen in Form einer Serliana hervorgehoben ist.

Der Vasarianische Korridor
Der im Jahre 1565 vollendete Korridor entstand nach Plänen Giorgio Vasaris. Dieser geräumige, überdachte Gang in sicherer Höhe über dem Straßenniveau überfängt auf halbem Weg zwischen Regierungssitz und Palazzo Pitti die alten Aufbauten des Ponte Vecchio, dessen Mitte er durch die drei Arkaden akzentuierte. Eine solche Verbindung ist errichtet worden, als Cosimo I. die Regierungsgeschäfte an seinen Sohn Francesco übergeben und sich in den Palazzo Pitti am linken Arno-Ufer zurückgezogen hatte, den seine erste Frau, Eleonora von Toledo, die Tochter des Vizekönigs von Neapel, erworben hatte.

IMPRESA
FORTEZZA. DI
INBARBARIA. E SEGVIT
XVI. DISETEMRE. M

Palazzo Pitti, Sala di Bona, Bernardino Poccetti, »Einnahme von Bona«

Bernardino Poccetti malte im Jahre 1608 die Fresken, die die siegreichen Unternehmungen des Ritterordens des Heiligen Stephanus' verherrlichen. Auf der der Einnahme der nordafrikanischen Stadt Bona (1607) gegenüberliegenden Wand ist der »Fall der Festung von Prevesa« im Jahre 1605 dargestellt. Die Ritter hatten mit der toskanischen Kriegsflotte unter anderem auch an der berühmten Schlacht von Lepanto am 7. Oktober 1571 teilgenommen. Während der Kampfhandlungen war dort die Fahne des Admiralschiffes Ali Paschas erobert worden, die dann als Gabe an den Heiligen Stephanus in die Ordenskirche nach Pisa gebracht wurde, da sich das Flaggschiff der Stephanus-Ritter bei dieser Tat besonders ausgezeichnet hatte.

Zwischen 1615 und 1621 führte Jacques Callot im Auftrag Cosimos II. eine dem Leben Ferdinandos I. gewidmete Stichfolge aus, die sich teils auf die Fresken in der »Sala di Bona«, teils auf Darstellungen Jacopo da Empolis für einen Zyklus der Ordenskirche in Pisa beziehen.

Folgende Seite:
Palazzo Pitti, sogenannte »Sala di Giovanni da San Giovanni«

Die Freskenausstattung wurde aus Anlaß der Hochzeit Ferdinandos II. mit Vittoria della Rovere im Jahre 1635 bei Giovanni da San Giovanni in Auftrag gegeben. Nach dem Tod des Malers im Jahre 1636 ruhten die Arbeiten zunächst, wurden dann jedoch schrittweise von 1638 bis 1642 durch Cecco Bravo, Ottavio Vannini und Francesco Furini zu Ende geführt. Die verschiedenen Darstellungen, die einen Bogen spannen von »Die Zeit und die Satyrn zerstören die antike Literatur« (seitlich des Portals) von Giovanni da San Giovanni bis hin zur »Allegorie des Todes von Lorenzo Il Magnifico« (hier links im Bild) von Francesco Furini, verbinden sich zu einer Art Huldigung an das Haus Medici und dessen Mäzenatentum. Erstaunlich ist trotz der Vielzahl der beteiligten Künstler die Einheitlichkeit der Ausstattung. Nicht unwesentlichen Anteil daran dürfte die alles verbindende, illusionistische Architekturmalerei haben, die sich durch virtuose Verkürzungseffekte auszeichnet.

Palazzo Pitti, Hof und sogenannter »Artischocken-Brunnen«

Der Kernbau des monumentalen, dreistöckigen Wohnpalastes umfaßte ursprünglich lediglich die Breite der mittleren sieben Fassadenachsen. Auftraggeber war Luca Pitti; die Arbeiten begannen im Jahre 1457, wohl nach Plänen Filippo Brunelleschis. Der Palast wurde, nachdem er über Eleonora von Toledo, Tochter des Vizekönigs von Neapel und erster Frau Cosimos I., in den Besitz der Medici gelangt war, mehrfach umgewandelt und erweitert.

Der große, zwischen 1558 und 1570 von Bartolomeo Ammanati erbaute Hof wurde unter anderem auch für Turniere genutzt. So wurde anläßlich der Hochzeit von Cosimos Erben Francesco mit dessen zweiter Frau, der Venezianerin Bianca Cappello, ein »combattimento alla barriera« veranstaltet. Bei diesem Kampfspiel mußte man versuchen, mit einer Pike die Rüstung des Gegners zu treffen, der sich auf der anderen Seite einer Absperrung befand.

Die Brunnenanlage von Francesco del Tadda und Francesco Susini stammt erst aus dem 17. Jahrhundert und ist in zwei Ebenen aufgebaut. Das Untergeschoß, dessen Höhe der ersten Ordnung der mit Rustikaquadern gestalteten Hoffassade folgt, birgt in Nischen zwei mächtige, klassische Skulpturengruppen, die Cosimo bei seinem Rombesuch im Jahre 1561 von Papst Pius IV. als Geschenk erhalten hatte. In der Mitte öffnet sich das Untergeschoß zu einer Grotte mit Brunnen. Dort ist in der Mittelnische die Kolossalfigur des Moses aus Porphyr aufgestellt, die Raffaello Curradi unter Verwendung eines antiken Torso schuf. Im oberen Bereich, der hier zu sehen ist, steht der sogenannte »Artischockenbrunnen« mit mehreren Schalen, die mit Putten besetzt sind. Diese stammen von Domenico und Giambattista Pieratti, die bereits an der Ausführung der allegorischen Figuren in der Grotte beteiligt gewesen waren.

Boboli-Gärten, »Personifikation des Überflusses« (»Dovizia«)

Die Skulptur war bei Giambologna ursprünglich für die Piazza San Marco in Auftrag gegeben worden, um dort auf einer am 9. Oktober 1573 aufgestellten Säule postiert zu werden. Nachdem die Säule jedoch zerbrochen war, wurde das Projekt nur sehr langsam fortgeführt. In der Zwischenzeit hatte man eine Säule auf der Piazza San Felice errichtet, die eine »Allegorie des Friedens« (»Pace«) tragen sollte, sowie eine andere auf der Piazza Santa Trinità mit Romolo del Toddas »Allegorie der Gerechtigkeit« (»Iustizia«). Mit allen drei Denkmälern wollte man auf Psalm 85 anspielen, in dem »Gerechtigkeit und Friede sich küssen«. Diese beiden Tugenden verknüpfte man mit dem aus dieser Verbindung resultierenden »Überfluß«.

Bastiano Salvini, der Pietro Tacca ablöste, vollendete die Figur. Tacca hatte die vier Meter hohe »Dovizia« 1609 als Porträt der Johanna von Österreich geschaffen, die 1565 die Gemahlin von Francesco de' Medici geworden war. Wie die Inschrift der Skulptur besagt, wurde sie jedoch erst im Jahre 1636 während der Regierungszeit Ferdinandos II. an ihren heutigen Aufstellungsort gebracht.

Boboli-Gärten, »Ozeanus-Brunnen«

Der Palazzo Pitti öffnet sich zu den Boboli-Gärten, eine der schönsten Parkanlagen im italienischen Stil. Sie erstrecken sich über den Abhang, der sich an den Hügel im Westen mit der Fortezza di Belvedere anschließt, bis hin zur Porta Romana. Der »Ozeanus-Brunnen« war ursprünglich hinter dem Palast installiert gewesen. Als dort 1618 Giulio und Alfonso Parigi das Amphitheater errichteten, mußte er ein erstes Mal versetzt werden. Im Jahre 1637 fand er schließlich seinen heutigen Aufstellungsort auf der kleinen Insel, dem sogenannten »isolotto«. Der Brunnen erhielt seinen Namen durch die bekrönende Götterfigur des »Ozeanus«, deren heute im Bargello verwahrtes Original des niederländischen Künstlers Giambologna durch eine Kopie ersetzt wurde. Von ihm stammen auch die Personifikationen der Flüsse Nil, Ganges und Euphrat zu Füßen des Gottes, sowie die Reliefs »Raub der Europa«, »Triumph des Neptun« und »Geburt der Venus«.

Poggio a Caiano, Giuliano da Sangallo, Villa Medicea

Der ehemals burgähnliche Bau gehörte ursprünglich der Familie de' Cancellieri aus Pistoia bis er im Quattrocento in den Besitz Palla di Noferi Strozzis und dann Giovanni Rucellais überging, der ihn schließlich in der ersten Hälfte der sechziger Jahre des 15. Jahrhunderts an Lorenzo Il Magnifico verkaufte. Die von Giulio da Sangallo nun erbaute Villa wurde zum aufwendigsten Landsitz der Medici. Auf einer Anhöhe gelegen und durch einen vorgelagerten Portikus gegenüber ihrer Umgebung förmlich isoliert, der mit seiner einfachen Rahmung an die funktionalen Architekturen Vitruvs erinnert, präsentiert sich die Villa mit einer zentralen, einer Eingangshalle vorgelagerten Tempelfront mit ionischen Säulen, die von einem Giebel bekrönt wird, der das Wappen der Medici trägt. Das Gebäude hat einen quadratischen Grundriß.

Als in den Jahren zwischen 1513 und 1521 die Arbeiten auf Wunsch Papst Leos X., des Sohnes Lorenzo Il Magnificos, wieder aufgenommen wurden, existierte bereits Bertoldo di Giovannis einzigartiger Fries aus glasierter Terracotta, der auf das goldene Zeitalter, das Dank der Herrschaft der Medici angebrochen war, verweisen sollte. Auch Filippino Lippis Dekorationen in der tonnengewölbten Vorhalle folgen diesem politischen Programm. Das »Opfer des Laokoon« ist dagegen eine Anspielung auf den Mythos der trojanischen Anfänge von Florenz. Die breite, zweiarmige Treppenanlage weist stilistische Verbindungen zu den Werken Leonardos und Bernardino Buontalentis auf.

PIETAS
IVSTIZIA

Poggio a Caiano, Villa Medicea, sogenannter »Salon Leos X.«

Der große, mit einer Tonne »all'antica« gewölbte Raum besitzt eine um 1520 ausgeführte Groteskendekoration von Andrea di Cosimo Feltrini und Franciabigio und bildet den repräsentativen Mittelpunkt der Villa. Der älteste Teil der Freskenausstattung stammt von Jacopo Carucci, genannt »Il Pontormo«, der in einer von einem Okulus durchbrochenen Lunette die Darstellung »Vertumnus und Pomona« schuf. Die waldverbundene Thematik dieser Szene verweist auf die Bestimmung der Villa als Ort der geistvollen Muße und auf die Suche Lorenzo Il Magnificos nach einer Harmonie zwischen menschlichem Intellekt und Natur.

Poggio a Caiano, Villa Medicea, sogenannter »Salon Leos X.«, Alessandro Allori, »Flaminius vor dem Rat der Achäer«, Detail

Der Ausschnitt aus Alessandro Alloris Fresko zeigt den Konsul Flaminius, wie er sich an den Rat der Achäer wendet. Die Malereien entstanden während der Jahre, in denen Francesco I de' Medici sich häufig in Poggio a Caiano aufhielt, da sich seine Geliebte und spätere Frau Bianca Cappello auf Verlangen seiner Gemahlin Johanna von Österreich hierhin zurückziehen mußte. Sie spiegeln deutlich den Geschmack jener Zeit wider. Obwohl das Thema des Freskos auf das heftige Einschreiten Cosimos I. im Parlament von Cremona anspielt, suggerieren die prunkvolle Formensprache und die Virtuosität der Darstellung eher ein gemäßigtes, von Autorität geprägtes Verhalten des Großherzogs.

Bildnachweis

Die Aufnahmen von Paolo Marton wurden ergänzt durch:
Archivio Scala Florenz: S. 46-47, 50, 96-97
Marcello Bertoni/Archiv Magnus, Rom: S. 19, 28, 29, 30, 31, 32, 54, 55, 71, 74, 118-119, 134-135, 136, 138
Hirmer Fotoarchiv München: S. 66
Antonio Quattrone, Rom: S. 6, 14, 119

Umschlagvorderseite: Baptisterium San Giovanni, Dom Santa Maria del Fiore und Campanile

Umschlagrückseite: Sandro Botticelli, Madonna del Magnificat, Detail, Uffizien

Die Deutsche Bibliothek – CIP-Einheitsaufnahme

Florenz / Mario Scalini. Aufnahmen Paolo Marton. -
München : Hirmer 1999
ISBN 3-7774-8450-4

Lektorat: Dr. Veronika Birbaumer
Umschlaggestaltung: Dieter Vollendorf
Kartographie: Huber, München
Satz: Franzis Medienservice, München
Druck und Bindung: Mladinska knjiga Tiskarna d.d., Ljubljana, Slowenien
ISBN 3-7774-8450-4